汲めど尽きせぬ泉

吉岡繁礼拝説教集

吉岡有一編

吉岡　繁
Shigeru Yoshioka

一麦出版社

2016年3月　青山学院アイビーホール・孫の結婚式にて

Soli Deo Gloria

目　次

発刊にあたって

仙台教会引退長老　佐々木金光

仙台教会の牧師として

吉岡繁先生は仙台教会の牧師として一期 14 年，二期 18 年の合計 32 年間お仕えしてくださいました.

1. 一期 14 年間の吉岡牧師と当時のジュニアクラス，青年会

吉岡繁先生との出会い

巻頭にあります吉岡先生のお写真を拝見した瞬間，私は初めて教会に足を踏み込んだ時のことが脳裏に浮かびました．私が高校二年生の時です．先生は礼拝の前に，高校生，求道者のために，「ウェストミンスター小教理問答」の解説をしてくださっておられました.

当時は多くの高校生が教会に通っていました．契約の子等が 10 名程居り，その中の数名が私の通う高校の同級生でした．神棚あり，仏壇ありの家庭に育った私はその同級生に誘われて，初めて教会の門をくぐったのが，現在の改革派仙台教会でした．やがて「ジュニアクラス」（高校生会）のメンバーに加えていただきました.

ウ小教理問答　　第一問：「人のおもな目的は，何ですか」

答　：「人のおもな目的は，神の栄光をあらわし，
　　　永遠に神を喜ぶことです.」

この問は私のそれからの人生において，決定的な土台となりました．その後，大学一年の時に吉岡先生から洗礼を授けていただきました.

青年会員になってからは，毎週火曜日の夜の神学研究会で，ベルコフの改革派神学通論，カルヴァンのキリスト教綱要，A・カイパーのカルヴィニズム等を学びました．先生は難しいことをわかりやすく，丁寧に解き明かしてくださり，実に楽しい学びの場を提供してくださいました.

このように，私たち 1938（昭和 13）年頃の生まれの世代は先生のご指

導によって養われ，先生の説教によって成長し，結婚し，家庭を持ちました．先生は私たちの教育者，牧会者，霊的な父親のようなお方でした．このような先生との出会いを与えてくださった神様に心から感謝しています．

2. 二期目の説教集

此度，吉岡牧師二期目に語られた説教が，ご長男の吉岡有一さんのテープ起こしによって文章化されました．12回分の説教集です．

説教の内容は深く広く，聴く者，読む者の心に感動と希望を与えてくださいます．

例えば，説教集の一つ「今宵汝の魂とらるべし」を拝見いたしますと，40年以上昔に仙台教会で語られた説教ですが，その内容は超高齢化した今日の日本の社会にも，大きな喜びと希望を与えるものではないかと思います．人口の28.4％の約3,500万人以上の人々が65歳以上の高齢者です．「死」は縁起が悪い言葉として口に出すことすら禁じられ，ひたすら経済成長のために働いた世代です．そして，今自分達のこれからの先を思う時，死という厚い壁が立ちはだかっています．死という未知の世界を前にして，暗く重い気持ちになっています．しかし，「イエス様の十字架の死と復活」は私たちの目の前の死という厚い壁を突き破り，その先に永遠の命が与えられるという，前途に明るい光が約束されており，素晴らしい福音です．この説教が語られた日が2月11日・建国記念の日でした．

此度の説教集には12回の説教に加えて，先生の略歴，著作物一覧，説教の聖書箇所等が紹介されています．そして，その聖書箇所は聖書全体に及んでいます．

先生はご自分のことについては，語らないお方でした．したがって，今回の説教集で初めて知ることが多くあります．

牧会者である先生は，教会員の一つひとつの魂にとって，どのようなみ言葉が必要であるかを，よくご存じでした．私たちは説教を聴き，礼拝が終わり，家路に着く時には，父・子・御霊なる三位一体の神様の愛にしっかりと抱かれている自分を体験するのです．

3. 信徒説教者

　晩年，先生は信徒説教者への思いを強くされていました．当時の私たち長老に対して，夕拝奨励の奉仕を担当させ，それに対して先生が批評を加えてくださいました．このことは，私たちにとりましては大きな学びの機会となり，訓練の時となりました．教師が少ない東北の現状の中，この信徒説教者の構想は的確なご判断だったと思っています．

　先生の説教原稿を拝見いたしますと，読む者にとりまして，大変興味深いものです．追加文あり，修正あり，何度も推考した跡があり，「説教題」を決めるにも，時間をかけて練り上げる様子がうかがえます．私たち信徒が礼拝の奨励に当たる時の良きお手本になるのではないかと思います．

　むすび

　私は今回の説教集を拝見しているうちに，当時の会員と共に礼拝堂の椅子に腰掛け，吉岡牧師が講壇から語りかけてくださっているような思いになっていました．

　仙台教会は角田桂嶽先生時代から説教を非常に大切にしてきました．吉岡先生の時代にあっても，私たちは大きな恵みにあずかり，幸せな人生を与えられました．そして80歳を超える今，私の目の前には死が待っていますが，その死の向こうに来るべき世界が待っている，永遠の命の約束が与えられている，永遠に神を喜ぶことができる，このような大きな希望に包まれて現在を過ごしています．

説教集に感謝して

吉岡繁牧師の説教集刊行にあたって

日本キリスト改革派教会引退教師　金田幸男

日本キリスト改革派教会の牧師であった，吉岡繁先生の謦咳に接した教

職も信徒も少なくなってきました．吉岡先生はこの教派においては，教会
実践の分野で大きな貢献をされてきました．説教においても，先生が残し
た足跡は大きな刻印として残されています．このたび，先生の説教が文章
として残され，その一部が説教集として公刊されることを，先生の働きを
記憶するものの一人として，大いに喜びとします．

　先生の説教の特徴は，この説教集を精読してくだされればすぐに理解して
いただけると思いますが，そのわかりやすさこそ吉岡説教「論」を記すに
あたっての着目するべき要点です．

　どんなによい説教であり，語られていることが高尚であるとしても，難
解，複雑では，多くの聴衆の霊的養いとはなりえません．先生の説教は老
若男女，信仰歴にかかわらず，聞いたものには，その説教者が何を言いた
いのか伝わってきます．むろん，その内容をそのままでは受けいれられな
いと感じる聞き手もいます．特に吉岡先生の神学的保守性（正統性）は，
聞き手がすでにある神学的立場から強く影響されている場合，その傾向に
反発するかもしれません．しかし，吉岡先生はその立場をゆるがせにされ
ることはありませんでした．それが先生の戦争体験（特に学徒出陣）や戦
前戦中（そして，戦後）の教会の姿勢に対する違和感から出てきたもので
ある以上，後退させるべきものではないと確信されていました．根本的に
はウェストミンスター信仰規準に表現されている改革・長老系の教理的立
場に立っての説教であることは明らかです．

　この説教のわかりやすさは，わたしの神学生時代の説教演習での実体験
として語るのですが，（未熟な）神学生の説教者の説教で「あなたはこの
説教でいったい何を言いたいのか」という厳しい吉岡先生の説教批評の言
葉に反映していると思います．聖書註解に首っ引きで長時間を費やし，講
壇に上がっても，説教者が受け止めた神の言葉を説教者自身の言葉で表現
できなければ説教の価値は半減します．また，それは「説教でいかなる説
教者の信仰を言い表し，それを伝えようとしているのか」という説教にお
ける宣教の意図が判明されるべきだという先生の立場も明瞭になります．

伝道的ではない説教は，ミッションフィールド（この語彙も吉岡先生がよく用いられた用語です）であるわが国においては必須であるという先生の信念の現れでした．説教者の心にあることをわかりやすく伝えることこそ説教の肝心な部分でという先生の説教者としてのありようであったといえるでしょう．当然そこで説教者の信仰が問われることになります．

　上記の事柄と深く関わりますが，先生の説教は，教育的であると指摘できます．牧師として，教会のマネージメントを重視される先生でした．信徒たちを教育し，その信徒が教会を形成していくことを，先生は牧師として意識的に実践されていました．先生の理念は実践神学の領域で生涯追及されましたが，その中で育まれた教会観に基づく教会形成こそ先生の目標でありました．牧会された教会で信徒にそのような教会像を示し，それに基づく現実の教会を育て上げることこそ牧師の役割なのです．教会を育成すること，それなしに教会は存続しません．それは聖書を忠実に解説し，適用する牧師の作業を意味します．先生は牧師の一人として現実の教会と牧師の理念が乖離する場面に直面されたことは時折りに語られ記された短文集に文字にされています（『いこいのみぎわ』つのぶえ社刊，など）．だからこそ，説教は教育的にならざるをえなかったのだと思います．教育的であることは時に上からの目線で語られるという弊害を伴います．そのために権威的であるように思われることを回避しようとするあまり，説教全体が温和な調子で一貫することになり，説教は聞きやすいが刺激もない，つまり物分かりのよい説教になるという結果を招きます．吉岡先生の説教はそれと対極にあります．その是非は今日，説教をし，また聞く私たちが決する責任があります．

　今回刊行された，吉岡先生の説教集によって，その説教が，特に先生が属し，その生涯を費やした，わが教派の説教の改革に一石を投ずるものとなることをわたしは切願します．これも吉岡先生の口癖でありましたが，「説教がよくならない限り教会はよくならない」という言葉をあらためてわが思いに刻み付けなければならないと痛切に思いました．この説教集刊

行のために労苦された吉岡先生のご子息に敬意を表したいと思います．

吉岡繁牧師　仙台教会礼拝説教に感謝して

日本キリスト改革派教会多治見教会牧師　小野静雄

　仙台教会時代の，いわば説教者・牧会者として円熟期を迎えられた繁先生の説教が，このように活字となって再現されることは，まことに喜ばしいことです．

　まして説教者としての父親への，これほどの尊敬と愛をこめて，有一さんが文字起こしの労をとっておられること．これもまた稀有な美しい「信仰継承」の姿かと思います．

　私は20歳の頃に「伝道者」の道を歩みたいと願って，次第にその決意を固めておりました．その頃，私が属していた教会の伝道礼拝に，神学校の校長に就任されて間もない先生が招かれて説教してくださいました．ある「福音派」の教会で洗礼を受け，信仰生活を始めていましたが，説教によるみ言葉の養いには深い渇きを覚えていました．生意気な学生時代，いろいろと不平を抱いていた訳で，今となっては恥ずかしい次第です．

　伝道礼拝での先生の説教に，私は，神の言葉を語り聴くという経験はまさにこれなのだと痛感し，神戸改革派神学校で学びたいという志を与えられた次第です．説教の末尾に「聖書は汲めども尽きせぬ泉なのであります」と結ばれた言葉を，今も忘れません．

　仙台教会（第二期）の説教は，会衆の祈りと希望に，神の言葉をもって寄り添う姿勢がまことに顕著であると思います．神学的には，三位一体的，そしてキリスト論的な福音の骨格を常に保ちつつ，しかし教理的な枠組みに囚われず，眼前の教会共同体の生きた存在，そして苦難と試練，希望と信頼に生きようとする教会のメンバーや求道の友に，一歩一歩迫ってゆく

説教者の実践的な愛と配慮が，常に前面（全面）に現れている．そんな印象を抱きます．聖書そのものを説きながら，その聖書使信が，聴き手の現実へと繰り返し打ち寄せる波のように，現実的・実践的に迫ってゆく見事な語りであると感服する次第です．

　余談ですが，もう30年以上も昔，ある集いで先生が講演をなさいました．その講演を評して，岡田稔先生が，"吉岡先生のように豊かに，そして自由闊達に語る賜物は，日本キリスト改革派教会において「空前絶後」と，聴衆の前で称賛されたことがあります．それを聞かれた，矢内昭二先生（元東京教会牧師）が，私の耳元で"「空前」はいいけど「絶後」は困るな ── "と苦笑いをしながら語られたのを，これも懐かしく思い出されます．

　やがてこれが『説教集（確定版）』として出版されるのを楽しみに待ちます．この膨大な労苦をとってくださる有一さんに，過重なお願いかもしれませんが，説教末尾の「祈り」は再現できないでしょうか．臨場感溢れる説教の最後に，祈りが語られた訳ですから，もし音源があるなら祈禱も復元していただければ，というのが小生の願いです．近年は，実録の説教集に「祈禱」を添えるのがほぼ慣例になっているかと．余分の重荷を背負わせてしまうようですが，ご検討いただければ幸いです．

主イエス・キリストにあって

吉岡繁牧師・説教集『汲めど尽きせぬ泉』の刊行の意義

日本キリスト改革派教会宿毛教会牧師　牧田吉和

　今回，吉岡繁牧師の説教集が，先生の御長男有一兄のテープ起こしの労により，文章化され，刊行されることになったことを心からうれしく思います．こうして御子息の手によって文章化され，また他の御子息たち，さらには先生が仕えられた教会の役員の言葉も添えられた『説教集』の刊行

は素晴らしく，また麗しい出来事です．吉岡先生に「先生，誰よりも幸せですね！」と声をかけたい思いに駆られます．

　この度の『説教集』の刊行は，吉岡先生のご家族，近親者の方々，先生の牧会にあずかった兄弟姉妹たち，神学校の教え子たち，また改革派教会の一人ひとりにとって，さらには日本のキリスト教界全体に対しても大きな意味があると思います．この一文においては，この『説教集』のもつ私たち改革派教会や日本の教会全体にとってもつ意味について思うところを記させていただくことにします．

1. 吉岡繁著『改革派説教学ノート』と一体化した『説教集』の出版の意味

　私個人にとって吉岡繁先生との出会いは，改革派教会創立 20 周年記念信徒大会（1966 年）の開会礼拝「全能の神の契約」（創世記 17 章 1–2 節）という説教題による吉岡先生の説教でした．強烈な印象を受けました．また先生が中心となって作成された「創立 20 周年記念宣言」は事実上，私自身のその後の伝道と牧会，神学研究の土台となりました．この意味で，私自身は「創立 20 周年記念宣言の子」なのです．この信徒大会の翌春に神学校に入学し，半年後に吉岡繁先生が神学校校長に就任されましたので，吉岡繁先生によって全面的な訓練を受けた世代と言えます．先生から実践神学諸科目を学び，説教学も学び，説教演習の批評も受けました．私たちが先生から教えられた説教学は，その後『改革派説教学ノート』（新教出版社，2006 年）として出版されました．先生のこの書は日本キリスト改革派教会の歴史の中で「説教学」として出版された最初の書です．この書によって改革派説教学の構築のための礎石が置かれのだと思います．

　しかし，先生の説教学に立脚した説教集はこれまで出版されていませんでした．この度の説教集で，先生の「説教学」と一体化した「説教」そのものを手にしたわけで，改革派教会の説教を考える際に非常に重要な意味をもちます．できれば，先生の実際なされた説教の録音を CD で一つでも二つでも『説教集』に付録として添えていただければさらに意味深いと思います．吉岡先生の説教は特に "語られた説教" として霊的力をもつもの

だと考えるからです.

2. 改革派教会の「講解説教」のあり方をさし示す意味

今回, あらためて吉岡先生の説教を読んでみて, 現在の改革派教会の説教にとって, 一つの大切な点を指示していると思わされました. 現在の改革派教会の説教の一般的な傾向としては講解説教が主流になっています. それ自体は聖書的説教を考える上で, 歓迎すべきことです. しかし, 問題はその講解説教が実際的にどのような形でなされているかという点です. 今日多く見受けられるのは, 丁寧な聖書釈義, あるいは聖書の内容の説明がなされ, 最後に適用的な勧めが提示されるというタイプです. 時には, 説教では適用的なことがほとんどなく, 説教後の祈りの中で適用がなされるという極端なタイプも見受けられます. 「説明→適用」というタイプの説教は, 学んだところを教え, 適用する形になり, 一種の“律法主義的”な傾向を帯びやすい説教になります. その場合には, 教育的意味はあっても, 魂には届きにくいタイプになる傾向が強いのです.

吉岡先生の説教は, そのようないわゆる釈義的・講解的説教に対して“一つの問い”を投げかけていると私は思います. 吉岡先生の説教は確かに聖書のことが語られているのであり, その意味では聖書講解的説教のタイプに入ります. しかし, 上に述べたような意味での説教ではありません. 説教の初めから「釈義」と「適用」は一体化しており, 聖書の講解をしながら, 終始聴衆のことが意識され, 牧会的に配慮された言葉が語られる説教になっています. しかも, 語りたいメッセージは終始一貫と言いうるほどに明確に貫かれています. 一言で言えば, 単なる聖書の勉強というタイプの説教ではなく, 聖書的でありつつ牧会的・実践的な説教になっています. これならば, 伝道においても, 教会形成においても力を発揮する説教になります.

以上のような意味で, この説教集にはいわゆる釈義的・講解的説教を超える説教のあり方が示されています. 私としては, 改革派教会はこのようなタイプの説教から多くのものを学ぶべきであると思います. 先生の説教

を聴いた信徒の方々は，学びだけでなく，霊的にも深く養われたのではないでしょうか．求道者の方々も喜んで聖書の言葉に耳を傾けたのではないでしょうか．

　日本の教会全体を視野におさめたとき，詳細な釈義と適用というタイプの説教は必ずしも多いわけではありません．全体的傾向としては聖書講解型の説教が多くなっていると思いますが，形式は聖書講解型ではあっても，聖書自体が十分に解き明かされていない説教も多いように思います．その意味では，今回の吉岡繁先生の説教集は，講解説教の本来あるべき一つの姿を日本のキリスト教界全体にも提示していると私は思います．

3. 詳細なメモによる説教の可能性をさし示す意味

　今回の説教集においてユニークなのは，先生の説教原稿，というより詳細な説教メモも添付されている点です．

　私は，吉岡先生の詳細な説教メモを初めて見させていただきました．そして非常に興味深く読ませていただきました．このような説教者の自筆の詳細な説教のメモが説教集に添えられていることは皆無ではないとしても，非常に珍しい例です．そして大きな意味があります．

　説教の具体的仕方においては，今日ではパソコンで完全原稿を用意して説教壇に立つケースが多いのではないかと思います．この場合には，どうしても原稿に引きずられ，原稿に気を取られ，時には原稿を読む形になりがちです．つまり，聴衆に顔を向けて，その場の聴衆に生き生きとした言葉を語りかけるのが難しくなります．

　吉岡先生の説教メモはいわば"本格的な説教メモ"です．原語や釈義的な内容も含まれ，神学的にもしっかりと基礎付けられています．しかも，説教の展開においていくつかの大きな論点に整理され，さらにそれぞれの論点の内部でいくつかの小さな論点に整理され，全体が論理的に一貫して説教の主題に向かうように考えられています．こうすれば実際の説教においても論点が混乱することはないでしょう．論旨が明確で，しかも説教全体のメッセージも明瞭な説教になるでしょう．

　現在でも神学校で神学生たちの説教演習を聞く機会があります．非常に詳細な釈義がなされ，聖書に即した"聖書的・釈義的"説教がなされる場合が多いです．しかし，説教の論理構造が明確でなく，一貫したメッセージが伝わってこない説教が多々見られます．特に，説教原稿とともに，釈義ノートや説教のアウトラインも提出されるのですが，説教のアウトラインはたいてい非常に貧弱です．これは現役の牧師たちの説教にも見られる弱点かもしれません．

　この点で吉岡先生の詳細な説教メモは，説教者にとって価値があると私は思います．このような構造の明確な，詳細な説教メモをもつ場合には，終始聴衆の顔を見ながら，魂の対話をしながら，しかも論点を明瞭に追いながら自由闊達に説教できるはずです．先生の説教が聴きやすく，わかりやすく，心に残り続けるのは，このような説教のあり方と深く関係しているでしょう．この意味でも，説教メモが添付されている今回の説教集は，私たちの説教を考え直す上で，重要な貢献をするでしょう．

　以上のような意味で，改革派教会はもちろんのこと，教派を問わず日本キリスト教界においてもこの説教集が丁寧に読まれることを心から願っています．必ず益するところがあると確信します．

1 神にささげる生活

ローマ人への手紙 12 章 1–2 節

　兄弟たちよ，そういうわけで，神のあわれみよってあなたがたに勧める．あなたがたのからだを，神に喜ばれる，生きた，聖なる供え物としてささげなさい．それが，あなたがたのなすべき霊的な礼拝である．あなたがたは，この世と妥協してはならない．むしろ，心を新たにすることによって，造りかえられ，何が神の御旨であるか，何が善であって，神に喜ばれ，かつ全きことであるかを，わきまえ知るべきである．

　本日は，礼拝の後，定期会員総会が開かれることになっています．多くの兄弟姉妹の奉仕で整えられた年報の第 1 頁を開いていただきますと，本年の教会の目標といたしまして「全き献身」という言葉と，ローマ人への手紙 12 章 1 節，2 節の聖句が書かれています．「全き献身」というのは，わたしたちに対する神からのチャレンジです．このチャレンジを，どう受けとめるかということが問われています．夕拝であるいは祈禱会で，兄弟たちから，その点についての証しを伺いました．

　今朝は，ローマ人への手紙 12 章 1 節，2 節をテキストにいたしまして，キリスト者としての生活の根本に関わる教えについてみ言葉を学びたいと思います．

　ローマ人への手紙というのは，パウロが書いた新約聖書の中で最も中心的な書簡の一つです．この書簡は，大きく二つの部分に分けることができます．第一部は，1 章から 11 章にわたります教理に関する部分でありまして，ここでは，信仰によってだけ救われるという福音の教理をパウロが述べています．第二部は，12 章から始まり最後に至る部分です．

そこでは，この教理に基づいてクリスチャンとしてどういう生活を送る
べきかということを個人生活のレベルにおいて，あるいは社会人とし
て，また教会人としてどのようにふるまうかということを教えています．
そして，ローマ人への手紙12章1節と2節は，第二部の最初にあたり，
キリスト者の生活についての教え全体を貫く一つの根本的な原理を定義
しています．「あなたがたのからだを，神に喜ばれる，生きた，聖なる
供え物としてささげなさい」．ここでは私たちの生活を神にささげると
いう，神への献身ということが教えられています．クリスチャン生活と
いうのは，神にささげた生活です．イエスが，自分を捨て自分の十字架
を負って我に従いなさいと言われた言葉と同じことです．イエスに従い，
イエスに仕える，それが信ずる者の生活です．

　私共の教会の先生である岡田稔先生の『キリスト者』という書物があ
ります．お読みになった方も多いと思いますが，キリスト者の生活に関
する部分には，ローマ人への手紙12章以下に基づきまして，クリスチャ
ン生活について述べているところがあります．もう一度読み返すかある
いは初めてお読みになるかして，12章1節から始まりますクリスチャ
ン生活について学ばれることは参考になるのではないかと思います．

　献身ということでありますが，皆さんに「生活を神にささげていらっ
しゃいますか．あなたは神に献身していますか」と聞きますと，首をか
しげる方が多いのではないかと思います．牧師や伝道者に「あなたは献
身していますか」と問いますと，「私は献身しています」と言うかもし
れません．これは教会の中で行われております大変大きな誤解です．教
会では，牧師や伝道者になることを献身といいます．「献身者が出るよ！」
「献身者のために祈る」と言います．「一般信徒は，献身していない．一
般信徒としての生活を送っている限り献身してないのだ」．このような
考えに，なりやすいわけです．献身についてのこのような考えは，全く
聖書にないことです．おそらく中世期頃から出てきたのではないかと思
います．聖書には，ないことです．

　パウロは，「兄弟たちよ」とすべてのキリスト者に呼びかけまして，「あなたがたの身体を神に喜ばれる生きた聖なる供え物としてささげなさい」と命じています．これと関連いたしまして，この世の仕事に携わっているということは神に献身してはいないことだと考えやすいわけです．殊に，日常の業務，仕事，職業に追われていますと，忙しい毎日が続いていることになります．商売のことは一所懸命考えますけれども，その商売をとおして神の栄光を表すことは考えない．あるいは，仕事のゆえに，祈りの時間がよく取れない．家庭礼拝もよくできない．こういうことになってまいりますと，自分は献身していないと思いがちであります．もちろん，この世の職業に神のごとく仕えているならば，この世の職に没頭することは神への献身を阻むことになるわけです．しかし，聖書を読みますと，神に己の身をささげるために，この世の職業をすてなさいとか，自分の家庭を顧みてはいけませんとかということは言われてないわけです．むしろ，それらの中にあって，その生活をもって神に仕える，神にささげるということが言われています．己の身体をささげなさいと言っていることは，身体をとおして営む具体的な生活のことです．それが，神にささげられなければならないということです．

　一般に献身と申しますと，自分以外のものを生活の目標とすることです．自分に献身するということは，あまり言わないわけです．献身するというのは，自分以外のもの，あるいは，非常に困難な環境の中にある人と接するということ，自分以外のものに目標をおきまして，それをしっかりと見据え，その目的に向かって自分の生活を整えて，そしてそれに進んでいくことです．ですから，当然，自己犠牲的とか禁欲的な生活とかがでてくるわけです．自分の欲を抑え，一つの目的のために自分をささげていくということです．これは大変美しい，さわやかなものです．クリスチャンの場合は，目標を神におくということです．

　そこでキリスト者の献身，神に己が生活をささげることですが，献身におきましては二つの点が問題になってきます．それはパウロが2節で

述べているところです．一つは，すぐれて私たちの意識の問題です．己が身体を神にささげるということは，パウロの強調点です．自分の身体で営んでいく生活，具体的な生活，食べること，飲むこと，働くこと．それを神にささげていくのですが，わたしたちの生活を考えてみますと，クリスチャンになったからといって生活の形が変わるわけではありません．わたしたちは，他の人と同じように食べたり，飲んだりします．他の人と同じように，眠ったり休んだりします．職場には，神を信じていない人がたくさんいます．そういう人たちと一緒に仕事をし，そういう人たちと一緒に取引をし，そういう人たちと共に勉強し研究します．生活の形は変わらないのです．その変わらない生活を神にささげるということになりますと，それは，そういう生活を規定している人間の意識，あるいは信仰といってもよいかもしれませんが，それが問題になるのです．心を新たにしなさい．これは心の問題です．これが一つ大事な点です．

　もう一点は，なぜ神に己をささげるというような命令，奨めがでてくるのかという，その根拠の問題です．これが一番大切です．なぜ神に尽くさなければならないのでしょうか．自分のために生活したらいいじゃないですか．そういうことになります．クリスチャンには，神のために己が身をささげなさいという奨めを受け取る根拠があります．この二点が非常に大事な点だと思い，今朝，そのことを学びたいと思います．

　先ほど申し上げましたように，外見を見ましても，洗礼を受けた人と受けてない人では，生活に何ら変わりはないのです．しかし，クリスチャンは，生活を神にささげるという，礼拝としての生活を営むということです．

　生活というのは，外に表れてくるものです．私たちは食べたり，飲んだり，働いたりします．生活の中にあるところのものは，命です．私たちの命があって，私たちの生活が出てきます．その命をどう自覚するか．その命をどう意識するか．これが問題です．信仰とか意識とかですが，それらが私たちの外側の生活を規定しています．心が神にささげられて

いないならば，私たちの生活は神にささげられるような生活をしていないのです．私たちは食べたり，飲んだりしていますけれども，心が神にささげられていれば，それは神にささげられたものになります．そこでパウロが言っている一番大事なことは，身体をささげるということです．具体的な生活をささげるということです．具体的な生活をささげるためには，あなたがたの心がささげられなければならないのです．これが2節にあります．この世と妥協するなと申しますと，クリスチャンはこの世の人と一緒に歩かない．ユダヤ人のように一緒に食事もしない．何があっても反対する．私はクリスチャンですから，断食する．そういうことではないのです．

　12章18節を見ていただきますと，パウロは，こう言っています．「あなたがたは，できる限りすべての人と平和に過ごしなさい」．信仰があって，いつも人と仲たがいしているというのではないのです．できる限り，すべての人と平和に過ごしなさいということです．生活の精神におきましては，この世の精神と妥協してはいけないのです．妥協するということは，同調するということです．調子を合わせることです．同化するということです．あるいは，同じパターンになるということです．

　この世の精神というのは何でしょうか．パウロはローマ書1章のところで，述べています．「神を認めない．被造物を拝む．神を畏れないで自分の欲というものを主とするような世界，この世の精神，神を畏れない精神」そういうものに同調してはいけないということです．それでは，クリスチャンを導く精神は何かと申しますと，神のみ旨です．聖書に示されているみ旨，即ち神の意思です．私たちは自分の生活を神にささげるのですから，神の意思を先にしなければなりません．奉仕というのは，相手の意志を尊重することです．奉仕にもいろいろありまして，自分の意志を押し付ける人もいるわけですけども，奉仕というのは，相手がしてほしいことをするのです．相手の意志を立てるのです．ですから，心を新たにして造りかえなければなりません．心を新たにすることによっ

て造りかえられるのです．何が神のみ旨であるか．何が善であって神に喜ばれ，かつ全きことであるかをわきまえ知って，そのように歩むのです．「造りかえられる」ということは，「存在のあり方を変える」ということです．イエスが，山上で，突然栄光の姿にかわりました．そういうことです．私たちはクリスチャンになったからといいまして，今まで長い間関わっていた仕事を辞めるわけではありません．しかし私たちの生活の意識，生活の精神が変わるわけです．それは，この世の精神ではありません．神のみ旨に従う．自分のすべてを神にささげる．そういう生活になるのです．

　それは心において，存在のあり方という命が変わってくるのです．そこに，献身ということがあります．ですから，先ほどから申していますように，私たちの身体をささげるのだという具体的な生活であります．私たちの時間と能力をささげなければなりません．それは，私たちの日常生活の中でするのですから，私たちの生活の意識が変わらなければなりません．そのことによって，私たちの生活全体が聖別と献身になるのです．

　一番大事なのは，私たちの心を変えることです．もっと聖書にふれる時間がほしい．もっと祈りの時間がほしい．もっと教会へ行く時間がほしい．それは気持ちがあれば変わります．その気持ちになれば，その精神は生活に表れてきます．そのことをパウロは，ここで述べています．

　その次に，もっと大きな問題が出てきます．なぜ私たちは，神に自分の生活を全部ささげなければならないのでしょうか．誰でも自分の身がかわいいのです．なぜ，人のために尽くさなければならないのでしょうか．その点を考えるにあたりましては，1節にあります二つの言葉に注意していただきたいと思います．「兄弟たちよ，そういう訳で」，「神の憐れみによって」の「そういう訳で」と「神の憐れみ」という言葉です．パウロの兄弟たちに対する「あなたがたの身体を神の喜ばれる生きた聖なる供え物としてささげなさい」という命令があります．「ささげなさい」

と命令するにあたりましては,「そういう訳ですから」と言っています.

さて,具体的に前のどの部分をうけているかということについては,意見が分かれています.困ったことに,どの意見をとりましても意味が通じます.どの意見をとりましても間違っていないのです.前のものを受けるという場合,たとえば英語で先行詞というものがあります.関係代名詞で,何を受けるかというと,なるべく近いものになります.1頁前のものをうけるということはないわけです.一般的には,前の言葉を受けます.なるべく近い言葉を受けます.そういうふうに探していきます.ここでも,なるべく近い言葉になります.そうしますと11章の最後にある「万物は神からいで,神によって成り,神に帰するのである.栄光がとこしえに神にあるように,アァメン」となります.これは,非常に壮大な頌栄です.万物は神から出て,神によってなり,神に帰するのです.栄光が永久に神にあるようにと神を崇めています.神は世界の中心なのだ.万物の中心なのだ.万物は神から出てきたのだ.万物は神のために存在しているのだということです.だから,あなたがたの身体を神にささげなさいとなります.文章の意味がよく通じるのです.この解釈は,捨てられないと思います.

しかし,もっと「こういう訳で」というのを広く考えますと,広く,1章から11章まで全体であると考える人もいます.私たちの神への献身ということの内的な動機をよく説明するのは,こうした考えだろうと思います.そういうわけですから,神にささげるというのは,あなたのなすべき礼拝なのです.なすべき霊的な礼拝なのです.そのなすべき霊的な礼拝というのは,訳が難しいです.日本語では「なすべき」と「霊的な」の二つの言葉があるようですが,一つの言葉です.「霊的な」と訳すか「なすべき」と訳すか,どちらかなのですけれども,口語訳聖書は両方を使っています.むしろ「なすべき」といったほうが,いいかもしれません.「当然の」とか「理にかなった」という意味です.この「そういうわけで」という言葉が,今まで述べてきたこと全体をさすとしますと,何を言っているのでしょうか.パウロは何を言ってきたのでしょ

うか．信仰だけによって救われるという教理を言ってきたのです．すなわち，神の憐れみを説いてきたのです．これが，パウロがローマ書で，書いてきた論点，中心点です．人間は，誰でも，すべて神の前に罪人であり義人は一人もいないのです．罪人は，自分の良い行いによっては神の前に正しいとされないのです．すべての人は，神の怒りのもとにあるのです．

　しかし，イエス・キリストが罪人の身代わりとして贖いの死を遂げてくださったので，罪を悔い改めてキリストを信じる者は，その信仰によってのみ救われます．これが福音です．これが，パウロが言葉を尽くして語ってきたことです．「神は，あなたがたの罪のために，独り子イエス・キリストを贖いの供え物とされました．神の憐れみによってあなたがたは救われました．だから兄弟たちよ，神の憐れみにお応えするあなたがたの生き方は，今度は，あなたがた自身を感謝の供え物として神にささげることではないか」ということです．これは，全くなすべき理にかなったことで，極めて合理的なあなたがたのなすべき礼拝ではないかということです．全く正しいのですけれども，そのとおりなのですけれども，一つここに落とし穴があります．危険があります．それはクリスチャンでない世界におきましても，ご恩に報いるという思想があるということです．この方には本当にご恩を受けました．お返ししなければなりません．まして私は，イエスによって命を救っていただきました．このご恩に対して，私たちはどのようにして恩返しをしたらいいのでしょうか．どのようにお礼の気持ちを表したらいいでしょうか．そういう，恩に報いるという思想があります．これと，パウロが言ったことと一緒にしますと，キリスト教本来の憐れみの恵みを失ってきます．そういうふうにして頑張る人が，クリスチャンの中にいます．イエスは，私たちのために十字架にかかってくださいました．イエスは神だったのにすべてを棄ててくださいました．それは，私のためだ．だから今度は，私が神に仕えなければならない．私がイエスに仕えなければならない．そして一所

懸命頑張るのだ．義理堅いのです．恩返しなのです．世の中には恩知らずがたくさんいます．ご恩に報いるという人たちは優れた性質をもった方です．ですけれども，パウロが，ここであなたがたを神にささげなさいという時は，そのご恩返しの思想ではないということをわきまえなければなりません．

パウロは，特にローマ人への手紙 6 章以下におきまして，神の憐れみというものは，信仰によって義とされるということだけではない．罪赦される，義とされるというのは，罪赦されるというだけではなくて，あなたがたはキリストによって聖とされているのだ，聖くされているのだということです．神の恵みによって，キリストの恵みによって罪赦され義とされた者は，キリストに結びつけられています．キリストに結びつけられているということは，キリストの死と十字架の復活に結びつけられているということです．あなたがたの古い罪は死んだので，あなたがたの中に生きている命は，キリストの復活の新しい命なのだ．だから，あなたがたはすでに，きよい供え物としてささげられているのだ．これが，大事なことです．ささげなさいと言われているのですけれども，あなたがたはもうささげられているのだ．きよいのだという信仰の現実を見なければなりません．ですから，あなたは献身していますかと言われたとき，いやどうも，と言いますのは，たぶんにこういうことがあるわけです．私たちは神の恵みよって救われたのです．何としても神にお礼しなければなりません．どうしたらお礼できますでしょうか．一所懸命，自分のふところを考えるわけです．これだけ神にささげたら負担で困るだろうから，少しは自分のところに取っておこうというのは，まだ古い自己があるのです．

献身とは，神にささげられたきよいものだということを私たちが知ることです．「きよくなれ」とパウロが言っていますことは，あなたがたはまだきよくないからもっときよくなりなさいと言っているのではないのです．これは，聖化という，きよい生活という非常に根本的な問題で

す．あなたがたは，もうすでにきよいのです．だからあなたがたは，き
よくなりなさいというわけです．あなたがたは，まだきよくない．だか
らきよくなれ．こう言われたら，私たちには絶望的なことです．きよく
ないものが，どうしてきよくなれるのですか．黒いものが，どうして白
くなれるのですか．そういうことを神が言っているのではないのです．
あなたがたは，イエス・キリストにおいてきよい．すでにささげられて
いるのです．ですからあなたがたは，そのとおりに生活をしてささげな
さいということです．恵みというものを忘れますと，献身が善行主義に
なっていきます．非常に悲壮になっていきます．まだしてない．まだや
りたりない．そう言って自分を責めるのです．そこには安心がありませ
ん．平安がありません．喜びがありません．いつも自分が責められます．

　しかし，イエスが言っていることはそうではありません．あなたがた
は，もうすでにきよいのです．あなたがたは，もうささげられたものな
のです．だから，あなたがたの全生活を神にささげなさいと言うのです．
私たちの生活というのは，礼拝的な人生です．何をするにしても神を礼
拝するのです．食べることにも，飲むことにもです．友だちと交わるこ
とでも，私たちがこの世の職業にたずさわることでも，どういう点にお
きましても，神を礼拝するのです．神にささげるのです．喜ばれる，自
発的な，生きた，いつまでも続く，そういう生活です．そのクライマッ
クスとして，主の日の礼拝があります．これが一番中心です．神にささ
げられた生活は，主の日の礼拝が中心となる生活です．日曜日の朝礼拝
に出ていれば，日常生活ではどんなことをしても，どんな勝手なことを
しても，神にささげている生活だというわけにはいきませんけれども，
主の日の礼拝に出ずして，私たちに献身ということはありえないのです．
これは絶対なのです．私たちの生活全体を神にささげるということは，
主の日の礼拝というものが中心になっていることです．

　そこには，わたしたちと神との間の契約があります．私たちの結婚記
念日と思ってください．教会と私たちが結婚したときの結婚記念日をい

つも一週間ごとにしているのです．私たちの結婚記念日は，一年に一回
きます．クリスチャンの場合は，毎週くるわけです．そして，そこでは，
神があなたの罪を赦す．私は，あなたの神となる．私はあなたの罪を赦し，
あなたを聖なる者としたと言って恵みの言葉をくださいます．それは愛
の言葉です．聖餐式があり，目に見える形で現れます．それに対し，私
たちは何と応えるのですか．私たちは花嫁です．罪を悔い改めます．あ
なたの恵みによって救われましたと告白するのです．そして，わたした
ちはすべて，あなたのものです．わたしたちのすべてをあなたにささげ
ます．こういう献身を確認することです．これが主の日の意味です．主
の日の礼拝ごとに，私たちは自分が洗礼の時にした誓約を思い返すので
す．それは何十年も前のことになりました．結婚生活も長くなりました
から，信仰生活も長くなりましたから，神にどんなことを約束したか忘
れてしまいました．そんなことを言った，あんなことも言った．そうい
うご主人は，奥様にあまり忠実でないかもしれません．

　神に対して私たちは一体，何を約束したのでしょうか．心を尽くして
礼拝に出ます．誠心誠意，ささげものをします．教会の奉仕に与ります．
そう誓約しています．ここで，もう一回新たにすることです．いつも神
の恵みが，先行しています．ですから，献身ということが行われてくる
のです．新しくささげるということです．

　献身というのは，個人的な問題ではありません．教会の問題です．献
身というのは，神に対して献身するということです．自分に対してはい
つも，悔い改めがあるのです．これが，私たちの礼拝です．一番の中心
なのです．罪の悔い改めがない礼拝に集っても，キリストの恵みは私た
ちには伝えられません．罪の悔い改めがない聖餐式にあずかっても，そ
こでは，キリストの恵みが現実のものとはならないのです．礼拝を生か
すも殺すも，私たちが罪の悔い改めをもって礼拝に集うかどうかという
ことによるのです．そのとき，み言葉と礼典によって伝えられる神の恵
みと憐れみが，私たちの心に受けいれられるのです．

　クリスチャンの悔い改めは，失望に終わることはないのです．この世の悔い改めは，絶望に終わります．今は，若い人の自殺があって，本当に悲しいことです．いろいろ悔やんでいます．悔やんでいることが何に繋がるのでしょうか．絶望に繋がっていくのです．しかしクリスチャンの悔い改めは，希望に繋がっていきます．そして，それは新しい献身を生み出します．

　私たちが，この年，全き献身ということを願いますならば，どこから始まるでしょうか．それは主の日の礼拝に，私たちが罪の悔い改めをもってみ前に集まる．そしてキリストの恵みをいただく．そして，そこに献身の想いが出てきます．そのときに私たちの身体で営む生活が神にささげられたものになるのです．そういう点を考えながら，この一年，皆さんと一緒にキリストにささげた礼拝の生活を送りたいと思います．

　お祈りいたします．

1979 年 1 月 28 日（55 歳）

1979-1-28 (合見次会)　　神に捧げる生活　　Rom. 12:1-2

Beloved brothers & sisters

(I) 本日は礼拝後、本年度の定期会員総会が開かれる。諸部年の奉仕でできた「年報」の第一頁に本年の教会の目標「生き献身」ローマ12:1-2

(2) これは神が（教会員に対する）私からのchallenge：このchallengeをどう受けとめるか？既に夕拝で祈祷会で兄弟たち（鈴木、伊後）の証しをきいた。

(3) 今朝はRom 12:1-2をテキストに このChristian life の根本にかかわる教えを学ぶ。

(II)(1) Romans は大きく2つの部分に分けられる ① chaps 1-11 … 信仰によって救われるという福音の教理 ② chaps. 12行 で この教理に基づく Xtian life - 個人、社会、教会人としての倫理を教える。

(2) それは Rom 12:1-2 は その倫理生活全体の冒頭にあって すべてを貫く根本予想、を提手「あなた方は そのからだを 神に悦ばれる、生きた、聖なる供物として ささげなさい」神への献身

(3) Xtian life - 神にささげた生活 … イエスが「己を捨て 十字架を負うて 我に従え」といわれたことと同じ （同時教理想「キリスト者」acc to Romans）

(III) 献身の概念 ～普通わかっている誤解について ～

(1) 教会で 普通に説く献身 というと 教師・伝道者にする ことに用いられる ～ それで 一般信徒は献身していない

(2) このような 献身の概念は 聖書にそれこと ハウロはここで「兄弟たち」と すべてのクリスチャンによびかけてあなた方のからだを 神に悦ばれる供え物としてささげよ と命じている

(3) これとも関連に 神(は この世の仕事に携わることは 神に献身ではないことだ と考え思い ～ 殊に忙しいと云う思う … 勿論 この世の事を 神との仕える この世の事に 神の献身を 阻むものとする。

(3)'しかし 聖書は 神に己が身を下げるために〈この世の事をすすむ〉とか〈休みを省みる〉とはえ守らない。

この世の中にあって、神に仕え、ささげる ～「きよから新」～ からだで・愛で・日常的生活 in view

その生活の目標とは 自分以外のものをおき それを神と見ることで 本当に神にすすむ ～ 献身

(IV) Xtian は その目標を神におく ということ

そこで キリスト者の献身は 2つのpointを もってる

(A) 即ち それをすくて 意識の問題 ～ 意識の問題がある

(B) もう一つは 神教に己れをささげよ という 命令がつてくか その問題

(A) 外形的には この世の人と何ら変りない生活であるが クリスチャンは それを神にささげる礼拝の生活とする。

即ち そこでは その生活の根底にある 非常な 意識が問われる。

② それで 12:2は〈この世と妥協するな〉- 差別の問題 : 12:8で〈すべての人ととできる限り平和にすごせ〉～ しかし 生活の精神において この世の精神と〈同調〉、〈同化〉する

2 今宵汝の魂とらるべし

ルカによる福音書 12 章 13−21 節

　群衆の中のひとりがイエスに言った，「先生，わたしの兄弟に，遺産を分けてくれるようにおっしゃってください」．彼に言われた，「人よ，だれがわたしをあなたがたの裁判人または分配人に立てたのか」．それから人々にむかって言われた，「あらゆる貪欲に対してよくよく警戒しなさい．たといたくさんの物を持っていても，人のいのちは，持ち物にはよらないのである」．そこで一つの譬を語られた，「ある金持の畑が豊作であった．そこで彼は心の中で，『どうしようか，わたしの作物をしまっておく所がないのだが』と思いめぐらして言った，『こうしよう．わたしの倉を取りこわし，もっと大きいのを建てて，そこに穀物や食糧を全部しまい込もう．そして自分の魂に言おう．たましいよ，おまえには長年分の食糧がたくさんたくわえてある．さあ安心せよ，食え，飲め，楽しめ』．すると神が彼に言われた，『愚かな者よ，あなたの魂は今夜のうちにも取り去られるであろう．そしたら，あなたが用意した物は，だれのものになるのか』．自分のために宝を積んで神に対して富まない者は，これと同じである」．

　ルカによる福音書第 12 章 19 節を見ますと，「ある金持ちの農夫がこのように言った．もう一生贅沢に暮らせるだけの蓄えができたのだから，もう安心である．さあ，食え，飲み，楽しめ」．そのときに神が，「愚かな者よ，あなたの魂は，今夜のうちにも取り去られるであろう」．非常に厳粛な死の宣言です．説教題には，厳粛さをあらわしたいと思いまして，「今宵汝の魂とらるべし」という大変口調のよい言葉にしました．一般論として，納得するみ言葉です．人間はいつ死ぬかわかりません．今夜のうちに死ぬかもしれません．次の瞬間にはどうなっているかわかりません．若いからといって例外ではありません．しかしながら，この

言葉が，今語られたならば，わたしたちは一体，どのようにふるまうで
しょうか．一般的真理としては認めていても，自分には関係ないと考え
ています．すなわち，死の現実を逃避しています．

　キリスト教という宗教は，私の存在を終わらせる「死」というものが
神のみ手にあるという点から，この世をどう生きるかということを考え
ます．死と死後のことだけを考え，この世のことはどうでもいいという
のではありません．死も来世も全部含めた私の存在という枠の中で，こ
の世の生を考えます．神とのかかわりにおいてと言ってもいいと思いま
す．この世を，この世だけで考える．これは，いわゆる世俗主義という
考え方です．わたしたちは，死を忘れた日常ではなく，死を見据えた日
常生活，それが信仰的な生き方であり，根源的な生き方です．死を克服
するということは，誰もがしなければならない人生の大きな業です．死
の問題に比べれば，他のどのような問題も光を失う小さな問題です．今
は，中学生から大人まで受験シーズンでして，多くの若い魂，家族が心
を悩ましています．そして受験に失敗しますと，人生はすべて終わって
しまったように希望を失うことがよくあります．しかし「今宵汝の魂と
らるべし」とのみ言葉の前に立ちますと，私たちがどの学校に入るかと
いうことはあまり問題にはならないのです．「今宵汝の魂とらるべし」
と言われたならば，何を考えるでしょうか．聖書は，罪の赦しと復活を
考えなければならないと言います．これは，私たちが向かわなければな
らない視点です．死を滅ぼしたイエス・キリストの復活の力です．それ
は，どんな絶望にも希望を与え，死をもよみがえらせる大きな力です．

　今日の聖書箇所では，私たちがどういう信仰をもって，どのように生
きるかということがイエスから教えられています．この世で生きる時に一
番中心になるのは，お金の問題です．富に対する態度により，その人の人
生観を理解することができます．イエスはここで，信仰と富，信仰とお金
の問題を考えています．これは，この世の生活にとりまして大切な問題で
ありますから，信仰生活にとってもまた大事な問題です．この教えがなさ

れた状況について，聖書から少し学んでいきたいと思います.

　イエス・キリストは，弟子たちにキリスト教信仰をもっている者は迫害される時が来ると言っています. 今日は建国記念の日で，建国という問題に対して深く考える時です. だいたい20年周期で日本は，自由になったり国粋主義になったりということでありまして，戦後20年経ちました時は自由な時でした. 安保が終わった65，6年頃から，国粋的な思想が出てきました. 今は国粋的な思想が盛んですが，80年代の半ばになると，今度は自由な思想が，民主的な思想が出てくるかもしれません. そうした時代の中にあって，イエスは，神とキリストと聖霊を信じて人を恐れず，身体を殺しても魂を殺すことができない者を恐れず，ただ神だけを畏れて証しをせよという話をなさいました.

　そのとき，群衆の一人が「イエスさま，遺産争いの仲介をしてください」という願いを出しました. 雰囲気に合わない感じです. 確かに，その人に取りまして大切な問題であるに違いありませんけれども，イエスが話していた状況に気を配らず自分の問題ばかりを考えていて，イエスの話に身が入らなかったのです. 時に，状況に合わない質問をしてくることがあります. イエスの話を聞いてないということです. 私たちも，しばしば，そういうことがあります. 遺産を仲介することを，イエスは断りました. そして，「貪欲」に警戒しなさいと言いました. 誰が，私をあなたがたの裁判人，または分配人に立てたのかというみ言葉から，クリスチャンが裁判官になるのはいけないと考える人がいます. そのように考えますと，間違えています. クリスチャンは遺産を受け取ってはいけない. そのことをイエスは教えていると解釈したならば，そう解釈した人が実際にいたわけですけれども，それは誤りです.

　また，牧師や教会に，遺産争いとか夫婦喧嘩とか，そういう家族間の問題を持ち込むのは見当違いだとイエスが言っているのでもありません. イエスがここで示したことは，財産の争い，家庭間のトラブル，職場の問題，そういう世俗のことを教会や牧師が扱う時は，一つの明らか

な角度から考えなければいけないということです．それは，その人の霊的状態，信仰を守り導くという視点からしなければいけないということです．遺産争いで何千万円，何百万円いただけるのかという裁定は，裁判官がするでしょう．そのようなことは，牧師よりは，裁判所へ行ってやってくださいということです．私たちは信仰的な観点から，その問題を考えなければいけません．イエスは，この人の中に貪りをみたのです．法律上の権利を要求しているにすぎないのだというかもしれません．その人の兄が，法律的な分け前を渡さないのです．私は，よくばりではない．私は，ただ法律上の権利を要求しているにすぎない．それ以上のことは，何も言っていない．私は，正しい．私の主張は，神の認めた正義なのだと言うかもしれません．しかし，イエスは，この人には貪りがあるのを見ました．貪りは，信仰の妨げになります．貪りは，人間の幸福は物質的な富に依存するという考え方に結びつくものです．しかし，人の命は，持っている物にはよらないのです．

　イエスはこれを説明するために，富める農夫のたとえ話をしました．お金持ちの農夫は，人間の幸福，命は，物質の豊かさによると信じていた人です．豊作になりました．豊作になればなるで，心配があります．この財産をどうしようか，このような悩みがありました．そして，あの倉を取り壊そう．そして，もっと大きい倉を建てよう．そこに，財産を全部貯めておこうと言いました．財産と申しますと，昔は食糧でした．倉に全部貯めておこう．そうすれば，もう安心だと言っていた時に，「今宵汝の魂とらるべし」．非常に厳粛なみ言葉によりまして，この人の考えが誤りであることを示されました．

　さて，ここから，信仰と貪りと富ということについて，考えてみたいと思います．貪りと申しますのは，私たちが日曜日の礼拝の時にいたします十戒の十番めの戒めです．一言でいいますと，欲張りということです．「欲張り」というのは，人間の心に深く根差していると思います．それは，生きるという欲求に結びついているからです．赤ちゃんは，姦

淫の罪は犯さないでしょう．しかし，欲張りです．欲は小さい子どもの頃からあります．そして，私たちの心の中にある欲というのは，一生続いて戦わなければならない罪です．欲の心は，自分の状態に不満をもち，他人の状態をうらやみ，妨害する心です．お母さんは子どもにお菓子をあげます．すると子どもはさっと取ります．大きいものから，少し大きいものからなくなっていきます．最後に残ったものは，一番小さいものです．自然にそうなっていきます．直観で，こちらが少し大きいと思うのです．それは私たちの心の小さい時からの状態です．もちろん，自らの状態に不満をもちながら満足しなければならないということ，私たちの状態がそのままでいいということではありません．向上させなければなりません．神の摂理に対する不平，隣人の幸いを妬む心，それは，貪りという心の罪です．

　これは，すべての罪の根底にあります．殺すこと，嘘をつくこと，物を盗むこと，他にいろいろな罪がありますけれども，どれも貪りの罪が関係しています．貪りは第十戒の扇のかなめのようなものです．すべての罪の根源として，神は定めました．第一戒は，すべての戒めのすべてです．唯一の神を礼拝しなさいということです．第十戒は，すべての罪の源です．パウロの書簡を読みますと，パウロが一番悩んだ罪は，この罪でした．貪りです．優れた人，誇りのある人，能力のある人ほど，この罪に悩むと思います．自分の才能を発揮したい．それは，正しい願いです．しかし，私は才能を十分に発揮してないのではないか．なにか障害があるのではないか．私の才能は，十分に評価されてないのではないか．そういう想いが，常にあります．それほど私たちの心に深く根差した罪です．

　貪りには二つの問題があります．一つは不平を言うことです．嫉妬，妬むことです．もう一つは，私たちの肉の欲望を追求することです．この世の富に囚われることです．聖書は，不平を貪りと関連させています．自分に不平があります．他人の状態を妬んでいます．これが貪りです．私たちの肉の欲，欲望を追求していくこと．そして，世の富に執着する

こと．それらを神とすること．それが貪りです．ですから，パウロの手
紙を読みますと，貪りは偶像礼拝だと言っています．コロサイ人への手
紙3章5節を見てください．パウロは，はっきりと，貪りは偶像礼拝だ
と言っています．

　この罪を，富める農夫に則して考えてみましょう．ここでは，自分の
肉の欲を神として，これを満足せしむることが幸福だと言っています．
そのためには，富が必要です．お金が必要です．そして，それを得た喜
びを語っています．この金持ちの言葉には，注意すべき言葉があります．
すべて「私の」という語句がついています．「私の作物」「私の倉」です．
日本語には訳されていませんが，ギリシャ語では「私の穀物」「私の食糧」
「私の魂」です．みんな「私の物」だ．そういうことです．確かに，お
金は，人生を豊かにします．神と富とに兼ねつかえることはできないと
イエスはいいますが，富は，本当に神のようなものです．人間は，お金
を持つと生き生きしてきます．月給をもらった時，お小遣いがたくさん
ある時，銀行に預金がたくさんある時，みんなにこにこしています．お
金は，人間を活発にしてくれます．そして，お金があると私たちは自由
だと言います．お金を持っている人は，そのお金を自分で使うことがで
きます．またお金がありますと，生活しているものはお金でコントロー
ルすることができます．ですから，子どもが親のお金ですねをかじって
いますと，親の言うことを聞かなければなりません．しかし経済力があ
れば，親の言うことは聞かなくなります．自分で生活ができるようにな
ります．お金を持っていますと，人を自由にすることができます．ある
意味，力があるのです．ですから富は，神のようなものです．

　しかしながら，富は，人間に自由を与えるものではありません．私た
ちの内的な喜び，愛でありますとか，知性でありますとか，そういうも
のを富で買うことはできません．お金がありますと，そのふりをするこ
とができるだけです．ですから，富は神のようなものです．本箱に立派
な本をいっぱい積んでいますと，学者になったような気になります．で

すが，本箱には，知性は一つもなく利口になっているのではないのです．優れた頭脳を持っていると思うだけです．お金を自慢するのです．みすぼらしい人間であっても，立派な洋服を着まして立派な邸宅に住みますと，優れた人物だと見えます．しかし，その人の本当の人間というのは，変わらないのです．富は，人を欺く性質があります．それがまた，神に通じていきます．特に，死というものにです．「今宵汝の魂とらるべし」というみ言葉に接しましたとき，富は無力です．「あなたが用意したものは，一体誰のものになるのか」．死が示すものは，神が主権者であるということです．私の魂ではないのです．私の富ではないのです．魂は，神のものです．このような観点に立ちました時に，この世と富に対する新しい態度とが生まれてきます．それは，信仰の態度です．すなわち死というものから，私たちの生を見返します．イエスは決して，富を否定してはいません．キリスト者の中には，富を馬鹿にする人がいます．私も若い頃は，お金なんていらないと言っていましたけれども，お金は大切なものです．便利なものです．しかし，それには限界があることを知らなければなりません．富を神とすることは，キリストの警告です．ですが，富を馬鹿にしてはいけません．「富みなさい」．それがキリストの教えです．

　「神に対して富め」というのは，一体どういうことでしょうか．これは，富は神のものとして，神が与えてくださるものとして，それを用いるということです．ですから，そこには神にささげ，隣人のために用いる，そして自分自身のためにも用いるということになります．これが富の使い方です．神にささげる．隣人に用いる．自分のためにも用います．ですからクリスチャンの家計簿というものは，非常に素晴らしいです．神にささげることとして「献金」という行為があります．献金をして，献金がどのように使われたかは，会計報告で見ることができます．献金は，隣人のために使われています．クリスチャンでない人のお金の使い方をみてください．時々，新聞とか雑誌に，家の家計簿というのが出ています．そこでは，全部自分のために使っています．

　富の使い方においては，自分たちの命は持ち物によらないという信仰を表しています．それは，素晴らしい富の用い方です．神に対して富んでいます．富から解放されています．富から自由になっています．そして，富を用いることができています．命はイエスの死によって与えられているからです．

　イエスの教えを読んでみますと，この世で，神に対する信仰を妨げるものとして，二つのことを念頭においています．一つは迫害と困難です．貧しさということもあるでしょう．それは石地に落ちた種です．石地に落ちた種はどういうのかといいますと，困難と迫害があった時に，すぐ信仰を棄ててしまうことです．私たちがこの世で信仰生活を続けていく時に，必ず起こって来る誘惑です．それともう一つは，富と貪りです．それは茨に落ちた種です．あの有名な種まきです．そこにおきましては，この世の快楽，富に心を奪われて，信仰の種を結ばないのです．ですから，信仰生活を送ろうとするならば，貪りの罪と戦っていかなければなりません．これはイエスの話とともに，ローマ社会に生きた初代クリスチャンも同様です．

　信仰生活において私たちを妨げるものは，迫害と困難と貪りと富です．このことから解放されるには，命が，どこから来るのかということを考えることが必要です．「今宵汝の魂とらるべし」というキリストの言葉は，脅しではありません．イエスはここに，死を克服して復活されたご自身に，目を注ぐように言われています．だんだん歳を取ってきますと，死を考えるようになります．「今宵汝の魂とらるべし」ということが切実な問題となってきます．今日も一日，生がありました．しかし，イエス・キリストが私たちに命じておられることは，死を考えるということでありません．むしろ，復活を考えなさいということです．多くの人は，死ぬことを心配します．しかし，クリスチャンは，復活を思わなければなりません．「今宵汝の魂とらるべし」．それが私たちに与えられた心備えだと思います．

　若い人たちは，希望を失う時があるかもしれません．しかし，そこで

私たちに与えられているものは，イエス・キリストの十字架と復活です．それが一番の救いです．命は，持ち物ではありません．み言葉で，本当の救い，解決をもつことができます．

　私たちが信仰生活を送っていくときに，いつも罪と戦っていかなければなりません．罪の最大なるものは，貪りです．私たちの欲です．そして，それはいつも「今宵汝の魂とらるべし」というみ言葉において，考え直さなければなりません．神に対して富むものとなるように導かれていかなければなりません．

　そして私たちが，イエス・キリストにおいて与えられていることは，「あなたは今晩死にますよ」ということではないのです．あなたの罪が赦されました．あなたはイエス・キリストにおいて復活します．この希望において，私たちは日々を送っていかなければなりません．そのとき，私たちは，すべてのものから解放された全くの自由をキリストにおいて，与えられるわけであります．

　お祈りいたします．

1979 年 2 月 11 日（55 歳）

79-18

1979-2-11　　今宵汝の魂とらるべし　――復活祭　　ルカ12:13-21

Beloved brothers & sisters in the Lord.

(I) ① ルカ12:19 によると　金持が云っている〈なお一生贅沢に暮らせるだけの貯えができた。もう食べ飲んで楽しめ〉

そのとき　神は〈愚か者よ。おまえの魂は今夜のうちにも取り去られるであろう〉――厳粛宣言（聖書の文語訳）

② このことばは　一般論としては　皆が納得する～人間はいつ死ぬかわからない。今夜かもしれず、次の瞬間にも――論ずるは易し

③ しかし このことばが　今〈この私〉に云われたら、私はうろたえるに違いない。――一般論としては認めるが自分には関係ないと

④ (唯物的) 科学者は　死の前と後を考えさせる死は生の手に終る　という点から

この生をどう生きるか考える――死と死後のことのみ考えて　この生はどうでもよい　というのです。

死と未来をも含めた私の存在　という枠から　この生を考える――魂を (との) かかわり　において　とらえとない

～この生を唯一の生だけで考える　のか生活主義――

⑤ 死を忘れた日常　ではなく、死をみすえた日常生活――信仰的生き方（哲学的生き方）〈死を直視する〉という

ことは 死をほほえんで迎える云々 ⑥〈このまま生きる〉というとき 一番中心になるのは〈お金〉――死に対する態度で その人の人生観が出る

⑦ イエスは ここに 信仰と死、お金との問題を教える――死は信仰信仰の大きさの問題。

(II) Occasion ～この教えがなされた状況について

(1) イエスは群衆に囲まれ弟子たちに 信仰が迫害される時がきても 神とキリストとを信じて人を恐れるな 云々

(2) と言われたとき 群衆の一人が〈遺産争いの仲裁をして下さい〉とイエスに頼んだ――その場の雰囲気に合わない

ような質問。その人にとっては大事なことに違いないが、周りのことと比べてみれば〈自分の都合ばかり〉考えていたイエスの話を聞いていなし

(3) イエスはこれを断った――しかし〈貪欲に警戒せよ〉と警告された。

(v.14) から クリスチャンが裁判官になることや 遺産をうけとりすることをイエスが禁じられたと解釈するのは誤り

又 牧師や教会に家族間の問題をもちこむのは 場違いだ というのでもない

イエスがここで示されたことは――そのような日常・生活の声を牧師が扱うとき 明確な角度からすべし――その人の

霊的状態、信仰を守る為 ～法律的角度（肉体上）からは裁判沙汰だが――信仰の角度からみよ

④ イエスは この人の中に〈貪り〉をみた――彼は律法としたことを要求しているのも(不純)

⑤〈貪り〉は信仰を妨げるもの――人間の幸福は ～ という考えによる

⑥ もし〈人のいのちは もち物の豊かさによるまい〉と云われた これを証明する為に

愚かな農夫の譬え――この人は 人のいのち、幸福、いのちは物質の豊かさによる と信じていた人。

それで、豊作で安心したけれど〈今宵汝の魂とらるべし〉という宣言を神が言うことによって その思想の誤りが明らかにされた。

40

(III) 信仰 と 金・富 について もう少し 考えてみる。

(1) 金 - 和成 (πλεονεξία 他に φυλαργυρία cf ルカ4p81) —
富が来れば〈貪り〉— 自分の放恣に 他人の状態を読み妨害する… 神の摂理
に対する不平、隣の幸いを妬たむ — 心の罪 ~すべての個別の根底 — 10点の罪告のかなめ。
・パウロは (Rom 7:7) この罪に悩んだ — すぐ悟した人生、c pride 誇りあり — 自分の才能を愛すべし

(ロ) 金には 2つの point。- 平・嫉妬：肉の欲・この方の生にとらわれない：それから生きる
金は 偶像礼拝 Col 3:5 (ψ3:7) also Eph5:5 IG 6:10

(3) この金への愚夫に即し離する (この教いて信人 と生き合っている)
自己自身の肉の欲 を準とし 神を満足やにことに 平論：神の理に力かける そたを得た喜び を生につけ
— 自分のすきな方への方を逆も 生めの; eg. 私たの作物、食、(私たの) 教物、食措、私たの達。
(4) 確かに 方は 人生を豊かにする。 楽くする。(月給が入ったり、心温まる… ~して 方こそに 奴隷になった
方は 生活には 人間に対して弱い — 食、衣類、知性、いう 人間的内的な豊かな生まない — 方が与える
豊かは 外的なもの (…一時的なもの) ：それも 内的なものそ すける時 障礙となるのだ。

(5) 特に 死 (今宵前の途とらせし) に面したとき 方は無力。 ~死において 方ねことは 神に主ネネ着
足 支を 生めねものて 神の者の 方も 生めの中につく 神めの

(6) ここに この生と方に対する 新しい 態度 が生れる — 信仰の態度。発見あり。
・生えは 限に 逆追えにはいる。 ~信頼者は 方で需を有するが いけない：大切なもの
(いて 限界 がある。 それを神とすること キリスト教学 (どちが一人生の目的と為ること を求め)
・〈神に対して 方〉~ v21：これが神が与えてりのです 管理者とした 用う。 (主人のために)
— 神たために、隣人のため に用る それに 自分の大切にも 用いる —
{ 神化(の求め)の中に 献金の主目がある — 神にやけ 現金に用いも 金に用いも —

こういう 方の使い方において — わたくは 神化の心ては もうちりたるわい とという信仰を表し
神に対して あくでいる — 方に解放され、自由に 方を用いている (方に仕えてのではない)
— それは 何のち を イエスの死によって 与えたから ——

(IV) イエスは この生で 神化の 救への信仰を 含きする とした 出った 2つのこと。
① 食買と国難 ~土地にまかれた行動。 ② 富と金 - 黄にあらた才存子。
これは ロマ死会で生きた 初代 クリスチャンにも 今ある、SO WE ——
・その 平当の 心点 はどこからくるか 考えるとき 更服される — 今宵前の途とらせし とのみにとけゆって
神に、死を克服に 復活された イエスを 信じて ゆかん
筆とめて 死を思えたろう、若い人も 救給る → 徐を与え (ゆるし)

3 神ともにいます

イザヤ書7章1-15節

　ユダの王，ウジヤの子ヨタム，その子アハズの時，スリヤの王レヂンとレマリヤの子であるイエラエルの王ペカとが上ってきて，エルサレムを攻めたが勝つことができなかった．時に「スリヤがエフライムと同盟している」とダビデの家に告げる者があったので，王の心と民の心とは風に動かされる林の木のように動揺した．

　その時，主はイザヤに言われた，「今，あなたとあなたの子シャル・ヤシュブと共に出て行って，布さらしの野へ行く大路に沿う上の池の水道の端でアハズに会い，彼に言いなさい，『気をつけて，静かにし，恐れてはならない．レヂンとスリヤおよびレマリヤの子が激しく怒っても，これら二つの燃え残りのくすぶっている切り株のゆえに心を弱くしてはならない．スリヤはエフライムおよびレマリヤの子と共にあなたにむかって悪い事を企てて言う，「われわれはユダに攻め上って，これを脅かし，われわれのためにこれを破り取り，タビエルの子をそこの王にしよう」と．

　主なる神はこう言われる．
　このことは決して行われない，また起ることはない．
　スリヤのかしらはダマスコ，
　ダマスコのかしらはレヂンである．
　（六十五年のうちにエフライムは敗れて，国をなさないようになる．）
　エフライムのかしらはサマリヤ，
　サマリヤのかしらはレマリヤの子である．
　もしあなたがたが信じないならば，
　立つことはできない』」．

　主は再びアハズに告げて言われた，「あなたの神，主に一つのしるしを求めよ，陰府のように深い所に，あるいは天のように高い所に求めよ」．しかしアハズは言った，「わたしはそれを求めて，主を試みることをいた

しません」．そこでイザヤは言った，「ダビデの家よ，聞け．あなたがた
は人を煩わすことを小さい事とし，またわが神をも煩わそうとするのか．
それゆえ，主はみずから一つのしるしをあなたがたに与えられる．見よ，
おとめがみごもって男の子を産む．その名はインマヌエルととなえられ
る．その子が悪を捨て，善を選ぶことを知るころになって，凝乳と，蜂
蜜とを食べる」．

　クリスマス記念礼拝にあたりまして多くの兄弟姉妹と共に，今朝はイ
エス・キリストのご降誕に関するみ言葉から，クリスマスの恵みについ
て学びたいと思います．先ほど朗読していただきましたマタイによる福
音書1章18節を見ますと，イエス・キリストの誕生の次第はこうであ
ると書いてあります．
　22節を見ますと，「すべてこれらのことが起こったのは，主が預言者
によって言われたことの成就するためである．すなわち，見よ，おとめ
がみごもって男の子を産むであろう．その名はインマヌエルと呼ばれる
であろう．これは，『神われらと共にいます』という意味である」とい
うみ言葉があります．イエス・キリストの誕生は，インマヌエルについ
て預言者が預言していたことの成就であり，実現であると言っています．
インマヌエルというのはヘブル語ですが，訳しますと「神われらと共に
います」という意味です．イエスの降誕は，「神が私たちと共にいてく
ださる」という意味をもっていることを，今朝は，ご一緒に学びたいと
思います．
　神が私たちと共にいるということは，おそらく仏教でも言えることで
す．その場合は，神ではなく仏ということかもしれません．汎神論とい
う宗教的な一つの言葉，概念がございます．これは自然のどこにでも神
がいるという考えです．この火にも神はいるし，私の心にも神はいるし，
あの山にも神がいるし，この川にも神がいる．自然と神はいつも一緒で
離れないのです．そういう意味において，神は私たちと共にいると言え
ます．そこでは，自然は神であるということです．あるいは，人間は神

としての性質ももっていると考えられています.

　しかし聖書では，そのような神を教えてはいません．自然は神ではありません．人間は，神のかたちに造られたものですけれども，罪に汚れています．神は，人間と自然のすべてを超越していらっしゃる方です．その神が，私たちと共にいてくださるということを言っています．神が私たちと共に居てくださるということは，実はキリスト教という宗教の一番の中心です．キリスト教という宗教が私たちに与えようとする一番の恵みは何かといいますと，神が私たちと共にいるということです．神が私たちと一緒に歩んでくださっているということです．神が私たちを愛してくださっているということです．愛しているということは，一緒にいるということです．人間の間でもそうです．愛している者は，愛する者を惹き付けます．一緒に歩もうとします．一つの生活を形成しようします．神が私たちを愛してくださっていれば，神は私たちと共にいてくださろうとします．人生の絶え間のない労苦，次々と起こってくる試練，さまざまな危機の中にあり孤独を感じる者，誰かと心を打ち明けて語りたいという交わりを求める寂しい心，そういう心をもった人間に対して，こよなき慰めであり励ましです．神が私たちと共にいてくださいます．あなたは独りではありません．あなたは兄弟，家族，他の人々から見捨てられたように思われるかもしれませんけれども，あなたは独りではありません．神を信じるならば，神はあなたと共にいらっしゃいます．これは,私たちに与えられたこよなき慰めと励ましとなるはずです.

　今朝は，このインマヌエル，神我らと共にいますという言葉が出ている旧約聖書イザヤ書7章のところを学びたいと思います．預言者イザヤが預言書を書きましたのは，紀元前730年頃です．ユダの国は，滅亡の危機に瀕していました．現在でもパレスチナにはいろいろな国があり，いつも戦争をしています．国が建っていくことが，非常に厳しい状況におかれている地域です．紀元前734年の頃も同じです．ユダの国の北にスリヤという国がありました．今日では，シリアといいます．それから

イスラエルという国があります．この二つの国は連合しまして，ユダの国を攻め滅ぼそうしました．そして，都エルサレムを攻めたのですが，難攻不落の都は攻略することができませんでした．しかし，次の攻撃を準備していると伝えられたとき，ユダの王と国民の心は風に動かされる林の木のように動揺しました．風が吹いてまいりますと木が揺れます．それと同じように，不安と動揺の中に，ユダの国の国民と王はおかれたのです．いつ，敵がどのように攻めてくるのか．自分たちは殺されてしまうかもしれない．ユダの国は滅ぼされてしまうかもしれない．そういうことです．

　滅亡の危機に恐れおののいている王と国民に対して，預言者イザヤは，神のみ言葉を告げるように命じられました．そして神は，ご自身の言葉を告げる方法を指示されました．ただ行って話せというのではありません．こういうふうに行って話せと方法を示されました．二つです．一つは，「息子のシャル・ヤシュブを連れて行け」ということです．もう一つは，「布さらしの野へ行く大通りに沿う上の池の水道の端で会え」ということです．場所まで指定しました．これには意味があります．シャル・ヤシュブという息子の名前は，「残りの者は帰る」という意味です．「残りの者は帰る」はどういう意味かと申しますと，「神を信じる者は救われる」という意味です．ですから，イザヤが何も言わなくても連れてきたシャル・ヤシュブという名前を，王様は知っているのです．

　子どもをみて，何で子どもを連れてきたのかと言いました．公の神のみ言葉を語るところです．公私混同もはなはだしいのです．しかし，そういうふうにはご覧になりませんでした．この子の名前は，シャル・ヤシュブです．「信じた者は救われる」という無言の説教がありました．それが一つです．

　もう一つは場所ですが，布さらしの野へ行く大通りに沿う上の池の水道の端です．布さらしですが，仙台の南材や染師町では旗を染色している人たちが布をさらしました．そこに水道がありました．どういうこと

かと申しますと，敵が攻めてきてエルサレムで籠城する場合水をどうし
ても確保しなければなりません．鉄砲に弾をこめて撃っていればいいと
いうわけではありません．食料がなければなりません．飲料水がなけれ
ばなりません．水道が断ち切られたなら，立ちどころに城は落ちてしま
います．そこでアハズ王は，戦闘準備を万端整え，地下水道を掘り，た
とえ城が敵に囲まれても大丈夫なようにしたのです．その視察に行きま
した．アハズ王は神に頼らないで（私たちは神に頼って水道の準備をす
るのですけれども），人間の知恵と策略に頼っていました．

　本当に依り頼むべきものは神です．神を信じてあなたがたは救われる
のです．水道をどんなに完備しても，あなたがたが勝利を得るという保
証は何もないのです．あなたは人間の力，自分の計略を頼みとしていま
す．神を信じなさいとあります．「シャル・ヤシュブ，信じた者は救わ
れる」というメッセージであったのです．イザヤは，王様に会ったとき
に，三つの言葉を語りなさいと言いました．非常に簡単な言葉です．「恐
れるな．その前に，気をつけよ．静かにせよ．恐れてはならない」．こ
の三つの言葉です．簡単です．小さい子どもでも覚えられます．「気を
付けなさい．静かにしなさい．恐れるな」です．「気をつけろ」という
のは，現実をよく見なさいということです．あなたは，敵が連合して攻
めてくると思っています．そのため風によって林の木が動くように，動
揺しているのです．しかし，「よく見てごらんなさい．敵をよくみなさ
い．静かにしなさい．落ち着きなさい．敵が来たときに，どうしようか
と右往左往しないようにしなさい．現実をよく見て，落ち着きなさい」．
そうすれば，あなたは恐れることはないでしょうということです．なぜ
かと言いますと，火が燃えているようですけれども燃えさしの木にすぎな
いのです．これはすぐ消えてしまいます．これから火力があがっていく
ものではないのです．「よく見てご覧なさい」．これが，イザヤがアハズ
王に語ったみ言葉でした．「すぐ消えてしまいます」と言いました．こ
れを聞きまして，イザヤは少し楽天的ではないだろうか，気休めを言っ

ているのではないだろうかと思いました．大軍をもって敵が都を攻め来
ようとするときに，「心配ない，心配ない」，「あれは強いようだけれども，
燃えさしの木だ．すぐ，消えてしまう．恐れることはない．大丈夫です．
安心しなさい」と気休めを言います．大したことはない，大丈夫だと自
分に言い聞かせています．しかし聖書を読みますと，そうではありませ
ん．

　このような言葉を語るイザヤの背後に何があるかと言いますと，先祖
以来2000年以上にわたります，あるいは1000年以上にわたりますイス
ラエルの救いの歴史があります．イスラエルがエジプトを出たときは，
どうでしたでしょうか．荒野で生活したときは，どうでしたでしょうか．
皆，恐れたのです．しかし，神が救ってくださいました．神に依り頼ん
だときに，紅海の水が二つに分かれました．食べる物がなかった時に，
天からマナが降ってきました．水がなかったときに，岩から水が出まし
た．そのような国民の長い歴史の経験があります．しかし，このように
熱心な勧めにもかかわらず，アハズ王は態度を変えませんでした．神を
信じるよりは，水道の防備を強化したほうがよいというのです．そこで
預言者は，あなたが本当に神を信じられるようにしるしを与えましょう．
奇跡を与えましょう．どんなものでも求めなさい．高い天に起こるよう
なことでもいいです．地の底深くの大きな奇跡でもいいのです．「あな
たが，神のみ言葉が真理であるということを知りたいと思うなら，神が
自分とユダの国を捨てないということを知ることができる証拠がほしい
というなら，どんな証拠でも求めなさい．神は必ず与えてくださる」と
言いました．

　ところが，アハズ王は断りました．その断り方が，一見すると信仰深
いような言葉です．「神を試みるようなことはしません．しるしがほし
いということは言いません」．しるしがほしいということは，信用して
ないことなのです．「あなたは私を愛しています．そうならば，私に愛
のしるしを見せてください」．人間は，そのように言います．「証拠を見

せてください」という人は，言葉を信じていません．言葉だけでは十分
でないのです．確かに普通はそうです．ですけれども，この場合は違い
ます．神が「しるしを求めなさい」と言ったのです．アハズは，神の言
葉を聞こうとしませんでした．アハズは，神の助けを断ったのです．「も
う神には頼りません」と言いました．そういう不信仰なアハズ王に対し
て，神は，「それなら私の方であなたにしるしを与えます．おとめが男
の子を産みます．これがインマヌエル，神が私たちと共にいる」という
しるしですと言いました．

　これは，まことに大きな奇跡です．これが，神があなたを捨てない．
あなたを愛している．あなたと共にいるというしるしだというのです．
神は，イスラエルの国にご自分がいつも一緒にいることのしるしとして，
契約の箱というのを与えてくださいました．イスラエルは，いつもこの
ところに行って，神は私たちといつも一緒にいてくださるだということ
を信じました．しかし今，神は，それ以上に，特別な臨在のしるし，神
が一緒にいらっしゃるというしるしを与えてくださいました．おとめが
男の子を産むというしるしです．不信仰ゆえに，私たちがくださいと言っ
たのではありません．神がこのようなしるしを与えてくださったのには，
二つの大事なことが含まれています．

　一つは，神が人間の罪を赦してくださっているということです．罪を
赦さないで，神は私たちと一緒にいられるでしょうか．神が私たちと一
緒にいらっしゃっているということは，神が私たちの罪を赦してくだ
さっているということです．しかし，神が赦しても，こちらが背を向け
ていたら一緒にいることにはなりません．人間の側には，罪を悔い改め
るということが必要です．ですから，私たちが神と一緒にいるためには，
神が罪を赦してくださったということ，私たちが神を信頼して歩むとい
うこと，この二つのことがなければいけません．信じる者に，神はいつ
も罪を赦し私たちと共にいてくださいます．しかし，私たちは順序を間
違えてはいけません．私たちが信じるから，神が居てくださるのではな

いのです．私たちが信じる前に，私たちが神を全く拒否しているときに，神はご自分の愛を示して，おとめが男の子を産むということです．これがインマルエルのしるしです．恵みが先にあります．それを私たちは，受け取るのです．これが，キリスト教という宗教の非常に大切なことです．私たちが何かをしたから神が代わりにしてくださるのではないのです．神が先にしてくださっているのです．親子のことを考えたら，よくわかります．子どもが何かするから，子どもに何かするのではないのです．子どもがどんなに放蕩息子であっても，親は子どもにします．子どもがそれを受けいれます．そこで初めて，親と子は，共に歩むのです．マタイがイエスというお方こそ，インマヌエル，神が私たちと共にいるということの究極的な最終的なしるしであるということを示しました．これがクリスマスの意味です．イエスは，おとめマリヤから産まれて，地上の罪の贖いの業をなさいましたが，30年ほどして，十字架にかかって殺されました．死んだのではありません．殺されたのです．そして復活して，天に帰られました．

　今，インマヌエルは，どうなっていますか．神は私たちと共にいらっしゃいますか．イエスは天に帰ってしまったのです．マタイによる福音書は，非常に面白い福音書です．最初に，おとめが子を産む，そしてインマヌエルと唱えられると言います．「神が我らと共にいます」とはじまります．そして皆さんがよくご承知のマタイ福音書の一番最後を見ていただきたいのです．28章19節と20節，「それゆえにあなたがたは行って，すべての国民を弟子として，父と子と聖霊との名によって，彼らにバプテスマを施し，あなたがたに命じておいたいっさいのことを守るように教えよ」です．これに基づいて，バプテスマを今朝行いました．

　「見よ，わたしは世の終わりまで，いつもあなたがたと共にいるのである」．これがマタイによる福音書の最後です．最初にインマヌエルで始まり，最後にインマヌエルで終わります．ですから，イエス・キリストを信じるならば，約束どおりに，イエスが私たちと共にいてくださ

ます．この世ではいろいろな苦労があります．多く，迷います．そうい
うなかにありましても，神が私たちと共にいてくださいます．それを信
じるならば，あなたはもう一人ではありません．死の時でありましても，
死というのは，人間がみな，一人になる時です．どんな幸福な家族に包
まれていても，死ぬときは人間が一人になる時です．そのときでもイエ
スは，私たちと共にパラダイスにいます．死の時でさえも，私たちをイ
エス・キリストから離すことはできません．それほど私たちの信仰は，
キリストに結びつけられています．わたしたちは，自分や愛するものた
ちの人生が，平和であること，幸福であることを願っています．無病息
災，家内安全，商売繁盛と申しますが，これは私たちの願いです．この
年も病気しなかった．来年も病気しないように．この年も事故がなかっ
た．家内安全で，一家のものがみな仲良く，いさかいもなく過ごしまし
た．誰が，それを願わないのでしょうか．職業が，会社が，仕事が順調
にいきました．これは，わたしたちの願いです．

　しかし，キリスト教信仰の立場から申しますと，これよりももっと大
切なことが一つあります．それは，どんな境遇に私たちが陥りましても，
それに打ち勝つ力をもつということです．私たちが無病息災を願いまし
ても，病気になるかもしれません．私たちが商売繁盛を願いましても，
経済的な危機がまいりまして自分の過失ではないけれども，会社が倒産
するかもしれません．私たちの願いとは全く別に，私たちが置かれる環
境があります．そういう環境の中で，私たちがそれに打ち勝つ力をもつ
ということです．それが，私たちにとって一番大切なことです．

　その打ち勝つ力は何でしょうか．信仰と言っています．信仰は，どう
してそういう力はあるのでしょうか．それは，信仰によって神が共にい
てくださるからです．現実を見ますならば，私たちは人生の幸福と平和
を願っていますが，必ずしも実現するとは限りません．平和を願ってい
ても，戦争が起これば軍隊にいかなければなりません．若い人たちがこ
れからの人生を，幸いに歩んでほしいと願っています．幸福な家庭をつ

くってほしい．いつまでも丈夫でよい働きをしてほしいと願っています．しかし，前途にどういうことが起こるか，誰も知りません．私たちが経験したことですが，幸福の絶頂にあったと思う人が，一瞬のうちに失望のどん底に落とされることがあります．これが人生です．いくら伝道を計画しましても，計画のとおりにはならないのです．仕事は子どもに譲って，そして子どもの世話になって，家業はますます繁盛するという計画を立てて着々準備しているけれども，そうはならないのです．

　今日，若い方々が洗礼を受けまして信仰告白をいたしましたが，子どもたちに，青年たちに，私たち老人がもたなければならないことは，どんな境遇の中にあっても，それと戦っていける，立ち直っていける力が与えられるということです．そのために親はお金を残すでしょう．しかし，それだってわかりません．どういうふうになるのか．ですからインマルエルということが，一番大切なことです．信仰ということを，伝えなければならないのです．そうすれば，子が将来，どのような境遇の中におかれることがあっても神と共に歩むことができます．保証があります．この方こそ，依り頼むべきお方です．罪を赦してくださり，私たちを守ってくださる方です．クリスマスというものは，イエス・キリストの誕生において，この恵みを確認するときです．

　先ほど，申し上げましたように，これは単なる楽観主義ではありません．困難に陥ったときに，神が一緒にいると思いなさい．そうすれば気分が楽になりますよ．そういうことではありません．気休めではありません．それは教会の歴史，2000年にわたりまして，インマルエルの信仰が，恵みが，事実であることを証しされています．どんな境遇の中に陥っても，神は信じる者と教会をお捨てなりません．どんなに惨い殺され方をしましても，神に捨てられるということはありませんでした．その証しの上に立って言っています．そして，真に小さい歩みでございますけれども，この一年を振り返りまして，一人ひとりどうでしょうか．この一年の歩みを振り返ってみてください．苦しい時があったでしょう．

うれしい時があったでしょう. どうしたらいいかわからない. 失望とど
ん底の中に陥った時があったでしょう. 前途が全くわからなくなったと
かです. そういう時, 神が共にいますという信仰が真実であるというこ
とを証しされなかったでしょうか. この一年が, 私たちの信仰に一つ証
しを加えた一年であるならば, それは私たちにとって, まことに素晴ら
しい一年であったということができると思うのです.

　今日, まさにクリスマスのときにあたりまして,「インマヌエル, 神,
我らと共にいます」「シャル・ヤシュブ, 信じるものは救われる」です.
依り頼むべき方です. そのことを私たちは, 今日の日に覚えたいと思う
のです.

　お祈りをいたします.

1984 年 12 月 23 日（61 歳）（クリスマス礼拝）

4 キリストを証しする聖書

ヨハネによる福音書　5章31-47節

　もし，わたしが自分自身についてあかしをするならば，わたしのあか
しはほんとうではない．わたしについてあかしをするかたはほかにあり，
そして，その人がするあかしがほんとうであることを，わたしは知って
いる．あなたがたはヨハネのもとへ人をつかわしたが，そのとき彼は真
理についてあかしをした．わたしは人からあかしを受けないが，このこ
とを言うのは，あなたがたが救われるためである．ヨハネは燃えて輝く
あかりであった．あなたがたは，しばらくの間その光を喜び楽しもうと
した．しかし，わたしには，ヨハネのあかしよりも，もっと力あるあか
しがある．父がわたしに成就させようとしてお与えになったわざ，すな
わち，今わたしがしているこのわざが，父のわたしをつかわされたこと
をあかししている．また，わたしをつかわされた父も，ご自分でわたし
についてあかしをされた．あなたがたは，まだそのみ声を聞いたことも
なく，そのみ姿を見たこともない．また，神がつかわされた者を信じな
いから，神の御言はあなたがたのうちにとどまっていない．あなたがた
は，聖書の中に永遠の命があると思って調べているが，この聖書は，わ
たしについてあかしをするものである．しかも，あなたがたは，命を得
るためにわたしのもとにこようともしない．わたしは人から誉を受ける
ことはしない．しかし，あなたがたのうちには神を愛する愛がないこと
を知っている．わたしは父の名によってきたのに，あなたがたはわたし
を受けいれない．もし，ほかの人が彼自身の名によって来るならば，そ
の人を受けいれるのであろう．互に誉を受けながら，ただひとりの神か
らの誉を求めようとしないあなたがたは，どうして信じることができよ
うか．わたしがあなたがたのことを父に訴えると，考えてはいけない．
あなたがたを訴える者は，あなたがたが頼みとしているモーセその人で
ある．もし，あなたがたがモーセを信じたならば，わたしをも信じたで
あろう．モーセは，わたしについて書いたのである．しかし，モーセの

書いたものを信じないならば，どうしてわたしの言葉を信じるだろうか.

　キリスト教は，「イエスは神である」と信じ告白する宗教です. イエスは神ですので，永遠に生きている方です. 今もなお生きて働きたもうイエス・キリストに，私たちは心から依り頼む，信頼するというのがキリスト教の信仰です. イエス・キリストは，神だけが行うことができる大きなわざを二つなさいました. 一つは，彼を信じる者に命を与えるというわざです. もう一つは，神に逆らう者に審きを与えるというわざです. しかし，信じた者に命を与え，神に逆らう者の悪を裁いて死を宣告なさるというみ業が万人の目に明らかになるのは,世の終わりの時です. 現在，イエス・キリストのみ業は，普通の人の眼には隠されています. 信仰の眼をもって見る時だけ，見えるのです. ですから，イエスは神であると信じることが求められています. しかし，闇雲に信ぜよと言われましても，なかなか信じがたいものです. そこには信仰の根拠となるところのものが必要です.

　今日，ご一緒に学びますヨハネによる福音書5章31節から47節までのところは，キリストが神であるという証し，証拠が何であるかということを語っているテキストです. 31節をみますと，イエスは自分自身についての証しは，本当ではないと言っています. 「もし，わたしが自分自身について証しをするなら，その証しは真実ではない」. 本当ではないということは，偽りだということを言っているのではありません. イエス・キリストがご自分についてなさる証言は，偽りであって本当のことではないという意味ではありません. 本当ではないという言葉の意味は，自分について証言する場合，ユダヤ人の習慣といたしまして，自分の証言は受けいれられないということを言っています. 私は正しい. 間違ってない. こういうことをした. 自分自身についての証言は，ユダヤ人の習慣においては，受けいれられないということです.

　旧約聖書には証言について，ある人のあること，あるわざについて証

言を受ける場合に，必ず二人か三人の証言を得なさいと書いてあります．自分自身の証言はいけません．一人の人だけの証言でもいけません．二人ないし三人の証言を得て初めて，それを取り上げなさいということです．

新約聖書においても，これはされていて，イエスの話の中でも，人を訴えようと思うならあるいは長老や牧師への訴えがあるならば，必ず二人ないし三人の証言が必要であると言われています．そこでイエスは，ユダヤ人のその当時の慣習だけではなくてきわめて普遍的な，私たちも認めることができる慣習ですけれども，他の人の証言をあげているわけです．ご自身がキリストであり神であるということの証言を，ここでは三つあげています．

一番めは，バプテスマのヨハネのイエス・キリストについての証言です．これが33節から35節に書いています．二番めは，ヨハネよりも力のある証しです．それは父なる神がイエス・キリストによってなさっているわざです．すなわち，キリストが行った奇蹟です．36節に書いてあります．三番めは，37節以下ですが，神ご自身がイエス・キリストが神であることを証ししてくださる，神ご自身の証しです．神ご自身の証しというのは，聖書の証しにほかなりません．

この三つを，イエスはあげています．ここに，自分は主張するとおり神から遣わされたキリスト，神ご自身であるということがはっきりと示されています．今日は，キリストについての三つの証言，特に第三の聖書の証しに重点を置きながら，お話をしたいと思います．

第一は，バプテスマのヨハネがしたイエス・キリストについての証言です．すでに学びましたように，バプテスマのヨハネはキリストが世に来る前の預言者です．

バプテスマのヨハネは，イエスこそ世の罪を取り除く神の仔羊である，神の子であると証しをすることに生涯をささげた人です．それは，ヨハネによる福音書において，最初に詳しく述べられた証言です．わたした

ちは，ヨハネの生涯をみて非常に感銘を受けるのです．自分の身がどん
なに卑しめられましても，キリストが崇められ，キリストが信ぜられる
ことに喜びを見出しました献身的な生涯なのです．ヨハネの弟子たちの
多くがイエス・キリストの方に行ってしまったとき，残っていたヨハネ
の弟子たちが，ヨハネに対して，あなたが洗礼を授けあなたが先駆者で
あったが，皆があの方のところに行ってしまっていますと言いました．
そういう不平を述べたときに，ヨハネは「キリストが栄え，自分が衰え
るのは当然なのだ．自分はそこに不平を求めない．イエス・キリストが
崇められることにおいて，自分の使命は達成される」と言いました．こ
のような信仰をかたくもった人であります．神からキリストの人格とみ
業についての証人として立てられているという点から考えますと，模範
的な証人であったということができるのです．

　教会ではよく「証し」をしますが，非常に危険なことがあります．証
しをして，それを人が聞いてくれますと，話が自分中心になってくるの
です．私が,キリストが神であるということを証明しなければならない．
証明したい．そのような気になるのです．

　イエスは 34 節で，「私は人の証しを受けいれない」と言いました．こ
れも解釈が必要です．受けいれないということは，イエスは，人がする
証しは不必要であると言って，証しを否定されているわけではないので
す．聖書全体を見ますと，神は，使徒たちを初めとして，私たちをキリ
ストの証人として立てられています．証人は不必要というのではありま
せん．イエス・キリストが神であるということは，人間の証言に依存し
ません．人が，「イエスが神である」と言いましても，あるいは，人が
束になって「イエス・キリストは神でない」と否定しても，イエス・キ
リストはあるべき方なのです．多数決とか，力ある証言というものに依
存しないのです．人間の証言があるから，イエス・キリストが神であっ
たり，なかったりするものではないということを言っています．それで
は，ヨハネの証しは何のためなのでしょうか．私たちがする証しは，何

のためなのでしょうか．それは，「イエス・キリストのためではなくて，人々の救いのためである」と言っています．私たちが救われるためなのです．ヨハネの証しによって，イエス・キリストの影響が増したり，減じたりしません．イエスは素晴らしいお方だ，救い主だ，と言われることによって，イエスの栄光が増すわけではありません．人がいくらイエスのことをけなしても，それによってイエスの栄光が減じるわけではないのです．そういうことに関係なく，イエス・キリストの栄光と愛のみ業は，現存します．人の証しは，不必要なのです．それに依存することはないのです．

　神がバプテスマのヨハネや使徒たちを初めとして，私たちをキリストの証人としてお立てになるのは，人々の救いのためです．すなわち，同じような境遇にある人々がキリストのところに導かれるときに，自分自身が救われたことの感謝を言い表す者として立てられているということです．人間の証しが自己礼賛に陥らずキリスト中心になるように，キリストは私たちに謙遜さを教えています．

　次にイエスがあげているのは，ヨハネよりも力あるわざ，ヨハネよりも力ある証しです．それはイエス・キリストがなしたもう奇蹟のわざであると，36節に書いてあります．イエス・キリストが御自分の力でなさるものではなく，父がイエス・キリストにおいてなさる神のわざです．奇蹟は，イエスが神であることを証しするわざです．イエス・キリストは，普通の人間ではありません．普通の人なら，奇蹟はできません．奇蹟は，キリストの神性を証しするわざなのです．

　聖書が，奇蹟と言いますのは，科学の常識で説明ができない不思議なわざというだけではなく，キリストを証しするわざであるということです．不思議なことが起こる．常識では考えられない，科学的には証明できないことです．しかし，そういうことを言っているのではありません．キリストを証しするわざが奇蹟なのです．キリストを証しししないならば，どんな不思議な現象が起こりましても，聖書がいう奇蹟ではありません．

奇蹟は，イエス・キリストが神であることを証しするわざなのです．イエス・キリストにかかわる最高の奇蹟は，復活です．死人の中からイエス・キリストが復活したということ．それこそ，イエス・キリストが神であるということの徹底的な証拠です．

　先ほど，私は，キリスト教信仰というのは，イエスが神であることを信じる宗教であると申し上げました．別な言葉で言い換えますと，イエス・キリストがよみがえったことを受けいれるということ．これがキリスト教信仰の第一歩です．これは，キリスト教という宗教を考えるときに，絶対忘れてはならない特別なことです．キリスト教信仰というのは何かというと，イエス・キリストが甦ったということを聞いて信じて受けいれることです．

　ですから，聖書を読んでここにいいことが書いてある．山上の垂訓を読んで素晴らしい愛の教えが書いてある．イエスが教えた愛の教えに私たちは大いに共鳴をする．賛同をする．これに従って生きましょう．これが信仰の最初ではありません．また，聖書を読みますと，いろいろな生活の規準が書いてあります．先程十戒を読みましたが，そこには，いろんな規準が書いてあります．この規範に従って，我々の生活をこれから歩んでいきましょう．そういうことがキリスト教信仰の最初ではないのです．イエス・キリストを信じたならば，あなたにはこういうことが祝福として与えられます．ですから，あなたは，イエス・キリストを信じなさい．そういう約束を求めて，イエス・キリストを信じるということが信仰の初めではないのです．

　信仰の初めは，イエスが復活したということを信じることです．それが，キリスト教会の最初のことです．イエス・キリストが死人の中から甦ったことを信じることにおいて，イエス・キリストにあるすべての祝福が私たちに与えられます．それほど復活は，キリスト教信仰にとって決定的なことです．復活は，イエスが神であるということを証ししているのです．

　そして第三の究極の証しは，神ご自身の証しです．バプテスマのヨハネが預言者として証ししても，それは間接的です．イエス・キリストが，いろいろな奇蹟のわざをなさる．死人になって復活なさる．そのわざを見て，わたしたちは信じます．ですけれども，神ご自身が，イエスは神であるということを証ししています．そして，神ご自身の証しは，聖書の証しであると言っています．

　この場合の聖書は，旧約聖書と考えてもいいのですが，むしろ聖書全体です．39節を見ますと，「あなたがたは聖書の中に永遠の命があると思って調べているが，この聖書はわたしについて証しをするものである」．聖書は，キリストが神であるということを証しする目的をもって書かれた書物です．ですから，私たちは聖書の目的にそって読まなければなりません．

　聖書には我々が人生を送っていく上で，必要と思われる大切な役立つことがたくさん書いてあります．隣人との関係をどうするか．家庭はどうあるべきか．政治はどうしなければならないか．天地の始まり由来はどうか．いろんなことが書いてあります．私たちが人生で挫折した時，聖書から多くの励ましをうることができます．

　しかし，人生の指針を語ったり生活の正しい規範を示すのが，聖書の第一の目的ではありません．聖書の目的は，イエス・キリストを証しすることです．ですから，聖書はこの目的に従って読まなければなりません．聖書を読んでイエス・キリストを知ることがなければ，聖書を本来の方法で読んでないのです．そこでイエスがこの箇所で指摘していることは，ユダヤ人たちが聖書を読みながらイエス・キリストを知ろうとしなかった，信じようとしなかったという間違った読み方です．ユダヤ人たちは聖書を非常に熱心に読みました．昔のことですから，たくさん，安く，そして本屋に行けば聖書を買えるという時代ではありません．コピーがない時代ですから，みんな聖書を暗記しました．非常に熱心に聖書を調べました．

　しかし，ユダヤ人はイエスを信じようとしませんでした．どういう点が誤っていたのか考えますと，二つのことをイエスは言っていると思います．一つは 42 節，もう一つは 44 節です．「しかし，あなたがたのうちには神を愛する愛がないことを知っている」．44 節「互に誉を受けながら，ただひとりの神からの誉を求めようとしないあなたがたは，どうして信じることができようか」です．一つは，神に対する愛をもって読んでいないということです．もう一つは，神から誉れを求めるのではなくて人からの誉れを目的として生きているということです．そして，そのために聖書を読んでいるからだめなのだとイエスは言っています．人からの誉れ，すなわち「ああ，あの人は立派だ．いいことしている．聖書のことをたくさん知っている．素晴らしいお話をした」そのように，人からの誉れを受けようとしています．

　正しい聖書の読み方というのは，神を愛し，神からの誉れだけを求めて，すなわち，神に心を集中して読むということです．そのとき，聖書は私たちに，イエス・キリストを証しすることになると言っています．ここで，皆さんは，聖書のキリスト証言の非常に特別な面に気づかされると思います．それは，こういうことです．聖書はイエス・キリストについて証しをしています．その証言を調べまして，これはまことである．本当のことだ．そして信じていきましょう．これが，私たちが考える証言です．

　イエスは，神を信じて読みなさいと言っています．イエス・キリストを信じることができるように聖書は証ししているのだから，聖書をよく読みなさい．初めて聖書を読むときは，まだ信仰がないかもしれないですけれども，「読んで証言を聞いて，本当のことを言っている」と信じて読みなさいということです．イエスが言っているのは，そのようにならないのは，神を愛する心をもって聖書を読んでいないからだというのです．

　聖書と信仰の証言とは，どちらが先にくるのでしょうか．信じるため

には証言が必要です．しかし，証言は，信じる前提で読まなければなりません．しかし，信じられないかもしれません．ぐるぐる回っています．いたちごっこのようなものです．信仰が先か聖書が先かということです．神がご自分について証言する場合，どうしても，こういうふうになるのです．なぜかと言いますと，神について証言できる方は神以外にはないからです．

　人間が神についてどんなに証言いたしましても，それは絶対的な究極的な証言にはなりません．ですから神の存在，神のみ言葉，イエス・キリストのことについて証言する場合，神は自己証言なさるのです．ユダヤの社会，旧約の社会では自己証言は受けいれられません．人間の世界でも，そうです．しかし神については，神はご自分以外の証言はいらないのです．それでは，どうしたら神を愛する心で聖書を読むことができるでしょうか．どのようにしたらイエスを神と信じることができるのでしょうか．

　この点に関しては，聖書は，別のところで，聖霊の働きによるのだと言っています．聖霊の不思議な，神秘的な働きによって，私たちの心がそのように変えられていくのだというのです．聖霊が，聖書のみ言葉によって，聖書のみ言葉とともに働いて，私たちの心を新しくしてくださいます．新しい心で聖書に向かうときに，私たちはイエス・キリストを愛し，信じることができます．聖霊は，聖書のみ言葉によって私たちに働いてくださいます．これを神学的に，聖霊の内的な証しとよんでいます．そのとき，神のみ言葉は，あなたがたのうちに留まります．

　38節でイエスは，こう言っています．「神が遣わされた者を信じないから，神のみ言葉はあなたがたのうちにとどまっていない」．「あなたがたが神を信じる心で聖書に向かうならば，聖書のみ言葉はあなたがたのうちに留まる」．聖書は永遠のベストセラーだと言われています．事実，どれよりも古いロングセラーです．紛れもない事実です．どんな書物よりも売れています．どんな書物よりも長い間，売れ続けています．しかし，

それに比して，クリスチャンの人口は増えていません．聖書の読み方において，心が新しくならなければ，聖書の中からイエス・キリストが神であるという神の自己証言を聞くことができないということなのです．

　これは聖書だけではありません．バプテスマのヨハネの証しを聞いても同じです．バプテスマのヨハネの力強い証しを聞いても，心が新しくならなければ，何の意味ももたなかったのです．バプテスマのヨハネの証言だけではありません．イエス・キリストの驚くべき奇蹟を見ても同様です．イエス・キリストに対する愛がなければ，キリストのどんな奇蹟を見ましても，イエス・キリストを神であると信じることができないのです．ユダヤ人がそうでした．もっと不思議なことをしてください．それが彼らの要求でした．イエスは，全部，それを拒否しました．ヨナのしるしの他には与えられないと言いました．

　問題はどこなのでしょうか．問題は，私に不足があるのではないのです．召命がたらないということではないのです．イエス・キリストが神であるということの証しは，十分にあります．いろいろな面で，神は提供してくださっています．問題は，私たちの心です．私たちが神を求めているならば，神を愛しているならば，神によって救われたいと願っているならば，み言葉は私たちに光を与えてくださいます．その意味において，キリスト教信仰で一番基本的で大切なことは，私たちの心が問い直されるということです．それをしないで聖書をどんなに読みましても，どんなにイエス・キリストの不思議なみ業を見ましても，どんなに力強い証しを聞きましても，それは私たちの救いにとって何の益にもならないのです．そういう意味におきまして，神を愛する心で聖書を読んでほしいのです．人の誉れからではなく，神の誉れを求めて，それだけの目的をもってみ言葉を読むときに，すなわち祈りをもってみ言葉に接するときに，み言葉は私たちの内に留まって永遠の命を私たちに与えるものとなります．イエスがベテスダの池のほとりで病人をお癒しになった時，引き続いて惹き起こされた安息日の問題，キリストの奇蹟のわざの問題，

そして，この証しの問題の中で，ユダヤ人に最後のお話をなさいました．
あなたの心の問題なのです．それが，イエスが私たちに今もなお語りか
けたもうところのみ言葉の勧めであると思うのです．

　お祈りをいたします．

1985 年 3 月 10 日 （61 歳）

5 十二のかご

ヨハネによる福音書6章1-14節

　そののち，イエスはガリラヤの海，すなわち，テベリヤ湖の向こう岸へ渡られた．すると，大ぜいの群衆がイエスについてきた．病人たちになさっていたしるしを見たからである．イエスは山に登って，弟子たちと一緒にそこで座につかれた．時に，ユダヤ人の祭である過越が間近になっていた．イエスは目をあげ，大ぜいの群衆が自分の方に集まって来るのを見て，ピリポに言われた，「どこからパンを買ってきて，この人に食べさせようか」．これはピリポをためそうとして言われたのであって，ご自分ではしようとすることを，よくご承知であった．すると，ピリポはイエスに答えた．「二百デナリのパンがあっても，めいめいが少しずついただくにも足りますまい」．弟子のひとり，シモン・ペテロの兄弟アンデレがイエスに言った，「ここに，大麦のパン五つと，さかな二ひきとを持っている子供がいます．しかし，こんなに大ぜいの人では，それが何になりましょう」．イエスは「人々をすわらせなさい」と言われた．その場所には草が多かった．そこにすわった男の数は五千人ほどであった．そこで，イエスはパンを取り，感謝してから，すわっている人々に分け与え，またさかなをも同様にして，彼らの望むだけ分け与えられた．人々がじゅうぶんに食べたのち，イエスは弟子たちに言われた，「少しでもむだにならないように，パンくずのあまりを集めなさい」．そこで彼らが集めると，五つの大麦のパンを食べて残ったパンくずは，十二のかごにいっぱいになった．人々はイエスのなさったこのしるしを見て，「ほんとうに，この人こそ世にきたるべき預言者である」と言った．

　ヨハネによる福音書第6章から，み言葉を学びたいと思います．ここには，イエスが五つのパンと二匹の魚をもちまして5000人以上の人に食事を与えたという奇蹟と，それに基づいてなされた有名な命のパンについてのイエスの話とユダヤ人との問答が書いてあります．全体として

は，第5章から引き続きまして，キリストは命であるというテーマが展開されています．非常に長い章ですので，何回かに分けて学ぶことになると思いますが，今日は6章1節から14節までについて，み言葉を学びたいと思います．

　教会学校等でよく話される出来事ですので，多くの方は内容について熟知しておられることと思いますが，出来事の概略を申し上げます．これが起きた場所は，ガリラヤです．起こったときは，4節にあるように過ぎ越しの祭りが近づいている時でした．したがいまして，イエスのところに集まってきた多くの群衆の中には，過ぎ越しの祭りのためにガリラヤの各地からエルサレムへ行こうという人々がかなりいたと考えられます．それで，5000人という大きな数になったのだろうと思います．

　イエスの話が終わりますと，夕方になり食事をしなければならない時刻がきていましたので，イエスは，この地方出身である弟子ピリポに，どこからかパンを買ってきて人々に食べさせようと相談されました．しかし，これだけ多くの人に，この時刻に，地方で，充分に食事を与えることは，金銭的にも数量的にもそれだけの食料を求めることは不可能でした．

　ところが，もう一人の弟子であるアンデレが，群衆の中の子どもが五つのパンと二匹の魚を，たぶん塩漬けにされた魚だと思いますが，もっていると言いました．これほどの大人数の前には，焼け石に水で何の役にも立ちますまいと言いましたときに，イエスはそれを取りまして人々を座らせて五つの大麦のパンと二匹の魚を取って，神に感謝してこれらの人々に分け与えました．5000人の男の人たち，女の人，子どもも含めまして5000人以上になるわけですが，その人たちに分け与えたところ，人々は充分に食べてなおその残りが十二のかごに一杯になったという奇蹟です．5000人の人をどのようにして数えたかということは，マルコによる福音書を見ますと，イエスは50人ずつを組にして座らせたとあります．ですから，計算がしやすかったのです．この出来事につい

て，イエスが最初から目的をもっていたということが6節から明らかです．イエスはピリポを試そうとして言われたのであって，ご自分でしようとすることはご承知でした．イエスは明確な目的，意図をもって，奇蹟を行われました．

イエスの目的，意図は何であったかと言いますと，こういうことだと私は思います．イエスはここで，ご自分が第二のモーセであることを示し，ご自身がメシアであることを明らかにされました．ご自分がモーセの再来である．第二のモーセであることをお示しになりました．このことのために，この奇蹟の方法と時期が慎重に選ばれています．ちょうど荒野で飢えに陥った人々に，モーセが天からのマナを神にお願いして，与えていただいて人々を養いましたように，イエスは第二のモーセとして食物が手に入らない群衆を養われました．過ぎ越しが近づいている時です．過ぎ越しというのは，イスラエルの国民すべてが，先祖をエジプトから救い出した指導者，神の人モーセを思い出す時です．ヨハネによる福音書6章は，先ほど読んでいただきました出エジプト記16章と対応する出来事です．そしてイエスが意図されたように，人々は，その奇蹟を見てイエスにモーセを見たのです．

14節をみますと，人々はイエスのおこなったしるしを見て，本当にこの人こそ世に来るべき預言者であると言いました．世に来るべき預言者，これは申命記18章15節に書いてあります．神がモーセに言われたみ言葉の中に，申命記18章15節「あなたのような一人の預言者をイスラエルに与えると約束なさった」とあります．神は，モーセのような預言者をイスラエルに与えると約束しました．その人から，み言葉を聞きなさいと言いました．イスラエルの人にとって，イスラエルを救うメシアは，モーセのような預言者です．そういう人を待っていました．ですから，このしるしを見て，人々はマナの奇蹟を思い出しました．この人こそ，神がモーセに預言なさった来るべき預言者だったのです．一般の預言者ではなく，あの預言者です．そういうわけで，イエスがした奇蹟は，

目的を達しました．イエスはここで，モーセと同じように，人々の飢え
をパンの奇蹟をもって救われたのですが，イエスの本当の意図は，もっ
と深いところにありました．パンの奇蹟は，体の命を保つために，肉体
を保つために，生命を維持するために必要であると同様に，霊の糧とし
てのパンが必要であるということをイエスは教えようとしました．人間
が本当に必要としていることは命です．私たちは生きるために必死の努
力をします．お互いに助け合うためです．

　命というのは，単にこの地上で生きる肉体の命だけではありません．
私たちが求めている命は，それ以上の永遠の命です．永遠の命に対する
飢え，渇きが満たされない限り，人間の心に平安はありません．イエス
の意味は，目的は，パンの奇蹟をとおして人々が満腹になったように，
ご自身が永遠の命を与える命のパンであることを示すことでした．しか
し，人間は，この奇蹟に隠されている象徴的な霊的な意味を理解するこ
とができませんでした．人間が普通に求めていることは，物理的な飢え，
肉体の飢えから解放されるということだけです．人間の心は罪に死んで
いますから，私たちの心が人間として求めている永遠の命に気がつかな
いのです．ですから，この人たちはイエスを王にしようとしました．大
変大事なことは6章15節，「イエスは人々がきて，自分をとらえて王に
しようとしていると知って，ただひとり，また山に退かれた」です．「政
府」は，国民生活が豊かになっていれば倒れることはありません．革命
が起こることはありません．パンを与えていればです．しかし，パンが
乏しくなったとき，一部の人々に十分にパンがゆきわたらず，少数の者
だけが食べ飽きて無駄に浪費しているということが起こったとき，社会
秩序は不安に陥ります．

　ユダヤ人は，異民族で偶像教徒のローマ人に先導され，屈辱の生活に
ありました．屈辱の生活を送っているユダヤ人は，第二のモーセ，かつ
てエジプトから自分たちを救い出してくれたモーセの再来とも言われる
べき方をここに見て，新しい出エジプトを求めました．それは，政治的

な権力をもってローマを打倒し，自分たちに古の栄光を与えてくれるメシアです．そうすることにおいて，自分たちの生活の豊かさを求めていたのです．しかし，イエスはこれを拒否しました．独り，山に退かれました．イエスは，自分が与えるものは肉のパンではない．永遠の命に至る霊のパンであるということです．魂の飢えと渇きをいやす，体の命以上に求めている本当の命の願いです．それは罪の赦しを与え，愛を満たし，死を滅ぼし，命を与ることができるものです．それは十字架において肉と血を流したもうイエス自身の肉を食べることです．すなわちイエスを信じることです．それがイエスの意図です．肉のパンと霊のパンの関係は，大きな問題です．時としてクリスチャンは誤解をしています．クリスチャンは肉のパンについてはあまり関心をもたない．飢えている人がいても，あなたに本当に必要なのはキリストなのだ．そういうふうに考えているのではないかと思っているふしがあります．イエスは体を養う肉のパンを軽く考えたり，どうでもよいと考えられたり，ということでは決してありません．

　イエスは主の祈りにおいて，「日用の糧を今日も与えたまえ」と祈ることを教えられました．私たちは，日用の糧というものをそれほど必要とはしないのです．それの奴隷になることはないのです．しかし日用の糧を，今日も与えてくださいと祈ります．今日も与えてくだされば，事たります．飢えている人々に食物を与えるということは，教会が最初からしてきたことです．使徒行伝6章のところですが，7人が選ばれた時，食事の分配が教会の大きな仕事でした．エルサレムに大きな飢饉があったとき，アンテオケ教会はパウロとバルナバで基金を集め，エルサレムに援助に行きました．教会は初めから，人々が飢えているのを見たときに，人間が必要としているのは肉体のパンではない，命のパンである．そういって肉の糧を考えたことは一度もありません．しかし，それ以上のものを見ていたのです．肉体のパンを与えるだけで終わるならば，この世のさまざまな奉仕活動となんの差もありません．イエスは，それと

ともに，いやそれ以上に，人間には霊のパンが必要であることを教えられました．飢えた体が命のためにパンを求めるように，飢えた心が命のために霊のパンを求めていることを，あなたがたはよくわきまえなさいとおっしゃいました．そして，自分自身を，命のパンとして提供すると言われました．

　主の祈りにおいて，「日用の糧を今日も与えたまえ」と祈り，その祈りの後に，「罪の赦しを与えてください」と祈ります．これが，イエスが私たちに教える祈りです．体の飢えと心の飢えは，関係しています．日本人が，一般的に飢えを経験したのは，終戦後の暫くの時期です．このときは，飢えていました．いくら食べてもお腹がいっぱいにならない．そういう時期でした．しかし不思議なことに，人々はパンを求めただけではなかったです．心の糧を求めたのです．アメリカのクリスチャンの好意で表紙に絵がついた聖書が翻訳され出版され，印刷されました．それを，みんな貪るように読みました．ザラザラ紙に印刷された哲学の書物，そういうものが書店で発売されますと，広告されますと，列をつくって本を買ったのです．もうお亡くなりになりました教会の長老のお話ですと，外地で終戦になりまして，捕虜の生活をおくっているときに自分が持っていた聖書を，一冊しかない聖書でしたが，みんなに読ませたいと思ったということです．しかし一冊しかないので，一頁，一頁切って，人々にやり，そうしたらみんなが貪るように読んだというのです．肉体の飢えのために生命が絶たれるという，そういう危機状態にあったときに，わたしたちはただパンを食べて，それでもって満足するということはなかったのです．パンを求めていましたけれども，パンとともに，あるいはパン以上に，私たちは霊の糧，心の糧を求めました．肉体の飢えは，私たちが生きることはどういうことなのかということを我々に突きつけるからです．

　生きるとは，どういうことなのでしょうか．飢えるということには，聞くところによれば，もっと大規模な飢えが世界にはあります．神はイ

エス・キリストにおいて，この世で生きるために必要なパンを与えてくださいます．私たちに必要な肉体の糧を，日用の糧を神が与えてくださいます．それとともに，永遠に生きるために必要な命のパンも与えてくださいます．多くの人々は肉のパンに関心はありますけれども，真の命のパンには無関心です．それは霊が死んでいるからです．そこにも罪人は，罪と咎との中に死んでいるという現実をみることができます．しかし，聖霊が働いて私たちの心を起こしてくだされば，求めている命が何であるかということを教えてくれます．イエスは，後のところで，「あなたがたは朽ちる糧のために一所懸命働いているけれども，永遠の命に至る朽ちない糧のために働くようにしなさい」と教えています．そのことを，私たちはこの奇蹟から学ばなければならないのです．

　もう一つ大切なことを，ここから学びたいと思います．それは，キリストは，この命を，キリストを中心とする愛の交わりの中に溢れさせてくださっているということです．すなわち，「命」というものと「キリストにある命」は，愛の関係にあります．ここを読んでいて，少し不思議に思ったことがあります．5000人の男とそれ以上の女と子どもがいて，五つのパンと二匹の魚を持った子ども以外に食料を持った人が一人もいなかったのでしょうか，ということです．

　2時間ほど上野へ旅行する時でも，汽車が不通になったならば，閉じ込められたならば，どうなるだろうかということです．「食料を持っていきなさい」と必ずうるさく言われるわけです．「お水を持っていきなさい」．新幹線の中で，あるいは列車の中で閉じ込められて，どこにも出られないということになった場合のためにです．5000人以上の人が何の食料の心配もなく，この一人の子どもだけが五つのパンと二匹の魚を持って，他の人は全く呑気で手ぶらでイエスの話をお腹がすいて飢えが出るまで聞いていたのだという風に考えられるでしょうか．推測になりますけれども，たぶん，持っていても出さなかったのでないかと思います．そこに出されたものは，子どもが持っていた少しの，最も貧しい

お弁当だったのです．しかし，それが愛によって差し出され，イエスによって感謝され，祝福されたときに，5000人を充分に満たして十二のかごに一杯になったのです．

　飢えには，いろいろ原因があります．最近，エチオピアの飢えで，いろいろなことが書かれています．いろいろな原因があるのでしょう．日照りとか天候の問題もあるでしょうし，政治制度の問題もあるでしょう，企業のいろいろな技術問題，いろいろ問題があると思うのです．しかし，愛の不足が，人間の飢えの原因ではないかと思います．愛の不足です．わたしたち一人ひとりに愛があれば，人々が飢えのために死んでいくということは，考えられないのではないでしょうか．自分だけが食べる食料は確保しているという愛のないエゴイズムが，考えられるのではないかと思います．

　もう一つ，ここのところで私が注目したのは，12節にありますイエスの言葉です．「人々が十分に食べたのち，イエスは弟子たちに言われた．少しでも無駄にならないようにパンくずの余りを集めなさい」．イエスは随分，心配りが細かいです．「少しでも無駄にならないように，パンくずを集めなさい」と言いました．十分に食べたならば，残り物は見るのもいやになります．それはゴミ箱に捨ててしまう．それが人間の習性です．しかしイエスは，「無駄にならないように全部，それを集めろ」と言いました．イエスのこの言葉は，旧約の精神にそっています．旧約聖書において神が教えられることは，食べる物を全部食べてはいけない，残しておきなさいということです．田畑でも全部，隅から隅まで全部刈ってはいけません．そこに残しておきなさい．それは，それを必要とする人が，それを取って食べることができるようにするためです．ルツが拾っていたのも，そういうものです．それは，イスラエルの中に住む者たちの権利だったのです．それを残すことは，イスラエルのすべての人の義務だったのです．それは愛の精神です．荒野におきまして，イスラエルは飢えと渇きの中でつぶやいて，神に恵みを求めマナを降らしていただ

いて，飢えを満たしました．そういう状況の中にあったときに，神の恵
みをいつも忘れないために，「食べ物はいつも残しておきなさい．そし
て，それを必要とする人に上げられるようにしておきなさい」．これが，
神のみ言葉の教えです．

　ですからイエスが，ここで「余ったものを全部集めておけ，無駄にし
てはいけない」と言ったのは，そういう愛の精神に基づいているわけで
す．そして，それは十二のかごに一杯になったのです．荒野でマナが降
りましたときにも，人々は食べるに充分なものを毎日，いただくことが
できました．安息日の前には，二日分を貯めることができたのです．そ
して，それは腐らなかったのです．肉の糧は，私たちに愛の心があるな
らば，すべてのものを養って余りがあるほど神がくださるということも
確かです．

　けれども，ここにはもう一つ霊的な意味があります．十二のかごとい
うのは，使徒たちの数です．ですから，このパンくずを集めに歩いたの
は，十二人の使徒たちが一人ひとりかごを持ちまして，聖餐式のときに
長老たちがパンを配って歩くように，十二人の使徒たちは一人ひとりか
ごを持たされ，パンくずを集めて歩きました．それが一杯になったので
す．それは，教会のしるしです．十二使徒の上に立つイエス・キリスト
の教会においては，霊の糧が豊かであります．これが一つです．霊の糧
は，すべてのものを養って満ち溢れておられるのです．

　そして，もう一つ，イエス・キリストにある霊の糧は，無駄にしては
いけないということです．これが，ここから教えられる大切な教訓の一
つであると思います．命には，いろいろなレベルがあります．この世の
命もあります．いろいろな命があります．そして，すべて命は，神から
来るものです．命を生み出すところのものは，命のあるものでなければ
ならないのです．命のないものは，命を生み出すことができません．イ
エス・キリストは，いつも生きていらっしゃる命の主でありますから，
すべての命の源は，神ご自身からきます．神は，この世で生きるに必要

なパンを豊かに備えてくださいます. 「あなたがたは何を食い, 何を飲まんと, 命のことで思い煩うな」. これが, 神の約束です. そして, 永遠の命に必要なパンは, イエス・キリストにおいて豊かに備えられています.

　私たちは今, 考えられないような物的な豊さの中に生活しています. そのために起こるさまざまな弊害を, 私たちはいろいろ聞いています. 無駄にしているのです. 捨てているのです. 恵みを忘れているのです. そして同時に私たちは, 恐ろしい飢えに苦しむ人たちのことを聞きます. そのニュースを聞いて, 多くの人々の心に愛が与えられつつあることは, 大変すばらしいことです. 大きな愛が, 世界中から, そこに寄せられています. しかし, もう一歩踏み込みまして, そこに求められているところのものは永遠の命, 霊的なパンです. それこそ人間が本当に求めている命なのだということを自覚したいと思います. これも, 豊かに備えられています. しかし, イエスが教えたように, 無駄にしてはなりません. いたずらに神の恵みを受けてはいけません. そして, イエスは, この恵みを決して無駄にはしませんでした.

　イエス・キリストの十字架において流された血潮, 肉, それに基づく霊のパン, 命のパンは, ひと屑たりとも無駄にならないのです. それは, どんな小さなものであっても, その人を救って, 余りがあります. 私たちは, このパンの奇蹟から, イエス・キリストの備えられている素晴らしい恵みについて, 感謝をして, 私たちの今の生活, 物的な生活, そしてまた霊的な生活, すべてにおいて豊かに備えたもう神に感謝したいと思います.

　お祈りをいたします.

1985 年 3 月 17 日（61 歳）

6 イエスとユダ

マタイによる福音書 26 章 14−25 節

時に，十二弟子のひとりイスカリオテのユダという者が，祭司長たちのところへ行って言った．「彼をあなたがたに引き渡せば，いくらくださいますか」．すると，彼らは銀貨三十枚を彼に支払った．その時から，ユダはイエスを引きわたそうと，機会をねらっていた．

さて，除酵祭の第一日に，弟子たちはイエスのもとにきて言った，「過越の食事をなさるために，わたしたちはどこに用意したらよいでしょうか」．イエスは言われた，「市内にはいり，かねて話してある人の所に行って言いなさい，『先生が，わたしの時が近づいた，あなたの家で弟子たちと一緒に過越を守ろうと，言っておられます』」．弟子たちはイエスが命じられたとおりにして，過越の用意をした．

夕方になって，イエスは十二弟子と一緒に食事の席につかれた．そして，一同が食事をしているとき言われた，「特にあなたがたに言っておくが，あなたがたのうちのひとりが，わたしを裏切ろうとしている」．弟子たちは非常に心配して，つぎつぎに「主よ，まさか，わたしではないでしょう」と言い出した．イエスは答えて言われた，「わたしと一緒に同じ鉢に手を入れている者が，わたしを裏切ろうとしている．たしかに人の子は，自分について書いてあるとおりに去って行く．しかし，人の子を裏切るその人は，わざわいである．その人は生れなかった方が，彼のためによかったであろう」．イエスを裏切ったユダが答えて言った，「先生，まさか，わたしではないでしょう」．イエスは言われた，「いや，あなただ」．

マタイによる福音書第 26 章 14 節に，十二弟子の一人イスカリオテのユダが出てきます．イスカリオテのユダは，十二弟子の一人であったにもかかわらず，愛する主を敵に引き渡した者として，裏切り者という忌まわしい名前がいつもついて回っています．ユダは信頼を裏切り，イエ

スを銀貨30枚で売り渡すという憎むべき罪を犯しましたけれども，私たちは，この悲しい罪の中に神と主イエス・キリストの真実を見出さなければならないのです．どんな罪も，どんな苦しみも，サタンの働きも，神のみ旨の中で起こります．そこには，確実に神の真実，義と愛が働いています．誤りをなし失敗をするときに，いつもその中に真実を見るという態度を失ってはならないのです．いたずらに言い訳したり，あるいは他人の罪を糾弾したりするのではなく，そこに神の真実があることを見出していかなければならないのです．イスカリオテのユダは，大変な極悪人であり，自分たちとは何の関係もないと考えるのは，恩寵によって生かされている信仰者の態度とは言えないと思います．

パウロは自分のことを，晩年になり「罪人のかしら」であると言いましたが，「罪人のかしら」であるということの中に，ユダを除くとはパウロは考えていなかったと思うのです．パウロと同じように，自分は「罪人のかしら」であり，そこに神の恩寵があふれるばかりにそそがれたと感謝するときユダを除外してはいないのです．ここには，イエス・キリストとサタンとの非常に厳しい戦いが展開されているということを認めなければなりません．

14節から25節までの概略を申し上げます．ユダの経歴については，ほとんど知らされていません．ユダという人が，他にもたくさんいますので，同名の人と区別するために出身地の名をつけています．イスカリオテのユダ．「イス」というのは，人という意味です．ユダの地方カリオテという場所の人という意味です．カリオテの人ユダとなります．イエスの弟子の多くがガリラヤ地方出身だったのに対して，ユダは，十二人の中でおそらく一人だけユダヤ出身者だったと思います．エルサレムを中心とするユダヤ出身者でありますので，そういう意味では出身地の差が考えられない訳ではありません．

ユダがどのようにしてイエスの弟子になったかということは，わかっていません．しかし，多くの弟子たちの中から特別に選ばれた使徒十二

人の一人として会計係であったことを考えますと, きわめて能力があっ
た人だと思われます. そのユダが, どうしてイエスを裏切るようになっ
たかということはよくわかっていません. 聖書は言葉短く, 「サタンが
その心に入った」と言っています. そして彼の心は, イエスを離れたの
です. マタイによる福音書によりますと, ユダに対して, 祭司長の方か
らイエスを引き渡す手引きをせよと持ち掛けたのではなくて, ユダの方
から祭司長のほうに参りまして, 「彼を引き渡すならば, いくらくれま
すか」と持ち掛けたと書いてあります. そして銀貨三十枚をもってイエ
スを手引きするという約束をしたのです. ユダは, なに喰わぬ顔で, イ
エスと弟子たちとの最後の食事の席に, 他の十一人と共に連なっていま
した.

　除酵祭というのは, 過ぎ越しの祭のあと一週間続く大きなお祭りです.
除酵の酵というのはパン種, イースト菌を混ぜないで焼いたパンを食べ
るというお祭りです. イースト菌を一塊の中にいれますと, 粉が膨らみ,
パンが膨らんでおいしいパンができます. それと同じように私たちの心
に小さな罪が入りますと, それがイースト菌のように膨らみ, わたした
ちの心いっぱいに罪がひろがっていきます. そのことを教えるために,
神がパン種を除いて, あなたがたは清いものでなければならない. 罪と
戦え, 罪を清められたものでなければならないと教える祭りでした. 食
事の時イエスは, あなたがたのうち一人が私を裏切ろうとしていると言
いました. 弟子たちは驚きました. 「私ではないでしょうね」と代わる
代わるイエスに尋ねました. 厳しい迫害, 困難, 苦難が起こってきますと,
イエスに対する愛と信仰を失ってしまいます. 冷えてしまいます. そう
いう可能性が自分の中にあることを案じていたのでしょう. 「わたしで
はないでしょうね」と次々と言い出しました.

　しかし, イエスは, 「わたしと一緒に同じ鉢に手を入れている者がそ
うだ」と言いました. 鉢に手を入れるというのは, 当時の食事のしかた
です. 鉢の中にパンを入れて, パンを食するのですから, たぶん大勢の

人が鉢の中に手を入れて，食事をしていたと思います．ですから，特定して誰かという訳ではないのです.

　先ほど読んでいただいた詩篇41篇9節は，親しい友が私を裏切るという詩篇です．おそらくイエスは，そのことを念頭においたと思うのです.「わたしの信頼した親しい友，わたしのパンを食べた親しい友さえも，わたしにそむいてくびすをあげた」．非常に親しい者が，裏切る悲しみを言い表しています．しかし，イエスを裏切るという非常に悲しい出来事により，神のご計画がくるうというのではありません．神は全知全能のお方ですから，人間がどのような計画をし，どのような企みをしても，神の計画を妨げるものではありません．人の子は，書かれているとおりに去って行きます．人間の背信行為により，あるいはそれを用いて，神の御計画はかえって成就するのです．ユダの裏切りは，神のみ旨を成就するという一つの手段になるのですから，ユダがしたことは神のみ旨を果たしたことになるのだと言ってユダの罪がなくなるわけではありません．人の子を裏切るものは災いです．生まれなかった方がよかったのです．ユダがイエスを愛せず，イエスに偽りを言った罪は重いです．ユダが，イエスに「まさか私ではないでしょう」と言いました．白々しいです.すでに，心はイエスから離れ，祭司長たちに銀貨三十枚で売り渡すという約束をしていました.「先生，まさか私ではないでしょう」というユダの言葉に対しイエスは，「あなただ」と言いました.「いや，あなただ」との日本語訳は意訳でして，直訳しますと「あなたがそう言った」となります．新共同訳では，そのように訳しています.「あなたがそう言った」です.「いや，あなただ」というと，イエスは非常に断定的に，「お前こそ私を裏切るものなのだ」と指さして言ったようになります．しかし「あなたがそう言った」というのは，「あなたの心に聞いてごらんなさい」「あなたは，それを自分で知っているはずだ」ということです．これが全体の概要です.

　ここから二つのことを学びたいと思います．一つは，ユダの罪の内容

です．もう一つは，ユダの罪に対するイエス・キリストの恩寵について
です．恵みということです．

　ユダの罪とは，一体何なのでしょうか．目に見える現象で考えるなら
ば，イエスを裏切り権力者に引き渡したことです．イエスは，ユダを愛
しユダを信頼し重い務めを与えました．十二使徒の一人に選びました．
イエスは，三年の公生涯において，ユダに何一つ悪しきことをなさいま
せんでした．しかし，ユダはイエスを裏切りました．使徒とは，人々を
イエスのもとに連れて来て，あるいは人々をイエスに引き渡して，イエ
スによる罪の赦しと命を与える務めです．しかし，ユダがしたことは逆
でした．イエスをサタンに伝え，この世の権威者にイエスを引き渡しま
した．彼らは，イエスを死刑にする権利をもっていました．警察に入れ
られ刑務所に入れられ外から隔絶されますと，そこでどんなことが行わ
れているのか誰も知ることができません．神以外，頼る者がなくなりま
す．そういう状況で，彼らはイエスに，あらゆる侮辱と暴力を加えます．
そういう力を持った人たちでした．それに引き渡したのです．しかし，
これは目に見える現象であり，そういう行為を起こさせたユダの罪に注
目したいと思います．ユダの罪とは，何なのでしょうか．それは，イエ
ス・キリストの福音を拒否したことです．イエスに仕え近くにいて生活
を共にして，イエスの教えと業をつぶさに見聞きしたにも拘らず，その
福音を拒否したことです．ユダは，恵みによって生きる生き方をとらず，
自分の力によって生きようとしたのです．それは自分を主とする心です．
ユダはイエスを信じ従いましたけれども，自分を捨ててイエスに従うと
いうのではなくて，自分の心に合う限りにおいてイエスに従い信じまし
た．

　ですから，信仰といっても自分中心なのです．私たちの信仰も，しば
しばそうではないでしょうか．わたしたちは，神を信じています．イエ
スを信じています．しかし，わたしたちは，神やイエスが私たちの心に
かなう適う限り，信じているだけなのです．信仰といっても，自己中心

性がいつまでもユダの心に残っていたのです．それが，ユダの罪です．これは，誰の心にもある罪です．

しかし，イエスはユダに対して，悔い改めるように招かれました．最後の食事の席上で，「お前は罪人だ」「お前は裏切ろうとしている」と言いませんでした．名指ししませんでした．使徒の中に裏切り者がいました．他の人はいざ知らず，ユダは自分の心を知っていました．この時，イエスが差し出した恵みの招きに，なぜユダは悔い改めなかったのかわかりません．サタンの働きなのでしょう．「あなたがそう言った」とイエスが言いました．「あなたの心にきいてごらんなさい」．これが罪を悔い改める本当の方法です．

罪は，いつも自分の自由な意志から行われるのです．ですから悔い改めも，いつも自発的な思いからされなければ意味がないのです．イエスと生活を共にし，教えをつぶさに聞き，業にふれ，限りない愛にふれてきたユダにして，この心の頑なさです．イエスは罪人の罪を赦してくださる恵み深い方であることを，ユダはつぶさに何回も見聞きしてきました．それにも拘らず，ユダはイエス・キリストの恩寵の申し入れを拒否したのです．ですから，これはサタンの業です．

さて，ユダは，他の弟子たちや，私たちとは全く違う特別な性格をもった異質の人なのでしょうか．そういうことではありません．他の弟子たちも同じように，イエスが「この中に裏切り者がいる」と言われたときに，「わたしではないでしょう」と代わる代わる言い出さざるをえない．そういう弱さを自覚していました．

マタイによる福音書を最初に読んだ教会の人たちは，迫害の中にありました．自分たちも「いつ，イエスを知らない．イエスを裏切る．そのようにならないか」と弱さを感じていたかもしれません．ユダと他の弟子たちとは，どのような違いがあったのでしょうか．ユダは確かに，「イエスはメシアである．キリストである」ということを期待して信じ，イエスに従いました．しかし，ユダが期待したイエス・キリスト像は，非

常に力強い王であり，ローマ支配を打ち破って神の国を打ち建てるメシアを望んでいたのです．政治的なメシアです．ですからイエスが，「自分は十字架にかかって死ぬ．罪の贖いのために死ぬ．それこそメシアである」というイザヤ書53章にある祭司としてのメシア像を明言されましたときに，躓いたと考えることができます．

しかし，ユダだけではありません．他の弟子たちも同様です．ルカによる福音書をみますと，同じ席で「弟子たちの中で誰が一番偉いか」という論争が起こったと書いてあります．誰が一番偉いのか．それは，ゼベダイの子らの母がイエスに，「あなたがみ国を建てるときに，わたしのひとりの息子を右に，もう一人の息子を左につけてください」とお願いしたときに起きた論争と同じです．イエスは，「あなたは求めるところを知らない」と言いました．どこが違うのでしょうか．ユダは富に心を惹かれていたのですと考える人たちがいます．

しかし弟子たちの中で，また私たちの中で，自分は富に捉われていないと誰が胸を張ることができるでしょうか．豊かな生活の中で私たちの関心は，ものを神とする物心崇拝という偶像礼拝にわたしたちは大きな影響を受けています．この前学びましたが，ベタニヤで一人の女がナルドの壺を砕き高価な油をイエスに注いだとき，イエスは，「この女は，わたしの死を覚えて，葬りの備えをしたのだ」と言いました．イエスの死が，自分の人生にとって最も大切なことであると知ったこの女は，自分の宝をイエスにささげました．しかし，弟子たちはユダも含めて，「これは無駄遣いだ．高いお金で売って貧しい人に施したらいいのだ」と言って，この女を責めました．イエスは，この女の行為を弁護なさいました．女にとり，イエスの死，十字架の贖いは，何よりも大切なものでした．そのためにすべてをささげました．自分の生活，自分の命は，そこにかかっているのだという信仰を油の注ぎにあらわしたのです．しかし，弟子たちには，イエスの十字架よりももっと大切なもの，価値あるものがありました．こう考えますと，ユダだけが特別な人間，特別に悪い人間，

他の人とは違う異質な人間だと考えるわけにはいかないのです．みな等しく，神の前に罪人なのです．

「我が内なるヒットラー」という言葉があります．ヒットラーのような性格は，誰の心にもあるのだという意味ですけれども，それをかりて言えば，「我が内なるユダ」に気づかなければならないのです．イエスは，このような弟子たちに囲まれ，最後の食事をなさいました．この時のイエスの心を，私たちは考えることができます．自ら選び一緒に生活し，ご自分の使命について語ってきた十二人の弟子たちは，その時点では，誰一人としてイエスの使命，死の意味について理解していなかったのです．弟子たちは，いつも自分勝手なことを考えていました．しかし，弟子たちはイエスを愛していました．イエスに，どこまでもついて行こうと考えていました．イエスのことを，いつも思っていました．

しかし，イエスの本当の心がわかっていなかったのです．そういう意味で，イエスは孤独でした．イエスは，この世の人からは何一つ理解されていませんでした．憎しみをもってみられていました．愛している弟子たちによってさえ，イエスは孤独の中に置かれていました．ユダは積極的にイエスを裏切りイエスを売り渡しました．ユダに比べれば，他の弟子たちは無邪気といいますか，弱さをもっていたと言わなければなりません．イエスを捨てて，逃げ去りました．イエスは，弟子たちを愛していました．ですが，弟子たちはイエスのことを理解できませんでした．ユダは裏切りました．他の弟子たちは弱さゆえに逃げ去りました．

イエスが死んで復活した後，他の弟子たちは，もう一度イエスのもとに立ち帰ることを許されました．それは，どうしてなのでしょうか．それはイエスが，十一人の弟子たちの信仰のために祈っていたからです．ルカによる福音書 22 章 31 節のところを読んでいただきますと，よくわかります．「『シモン，シモン，見よ，サタンはあなたがたを麦のようにふるいにかけることを願って許された．しかし，わたしはあなたの信仰がなくならないように，あなたのために祈った．それで，あなたが立ち

直ったときには，兄弟を力づけてやりなさい』．シモンが言った，『主よ，わたしは獄にでも，また死に至るまでも，あなたとご一緒に行く覚悟です』．するとイエスが言われた，『ペテロよ，あなたに言っておく．きょう，鶏が鳴くまでに，あなたは三度わたしを知らないというであろう』」．

　シモンというのは，ペテロのことです．「見よ，サタンは，あなたがたを（シモンだけでないですね）麦のようにふるいにかけることを願って許された」．「しかし，わたしはあなたの信仰がなくならないように，あなたのために祈った」．このイエスの祈りです．イエスは，ペテロと他の弟子たちの信仰がなくならないように祈られました．なぜ，ペテロのために祈られたのでしょうか．他の弟子たちのために祈られて，ユダのために祈られなかったのでしょうか．わたしたちには，わかりません．それが，選びの秘儀です．誰もが使徒となる資格があるのではなく，誰一人救われる資格もないのです．すべて人間は滅びるのです．救いは，ただ神の恩寵によるのです．ユダは，その恩寵を拒否したのです．そこが問題なのです．

　一般に，自分は，天国に入る資格を持っていると思っています．ですから，天国に入れないと言われると驚くのです．しかし聖書がいうことは，人間は誰一人，救われるのではない．罪人が受けるべき当然の刑罰は神によってくだされる．救いは，不思議なことです．イエスを信じるということが，実は不思議なことです．あたりまえのことではないのです．

　なぜ，信じないのでしょうか．信じないのは，あたりまえのことです．信じることができるのは，まさに神の恵みです．驚きです．ですから，感謝なのです．恵みを提供されたときに，拒む者がいます．それがユダでした．これは，最後の晩餐，食事の席上で起こった出来事です．明日，十字架につく，明日というよりは数時間後，十字架について贖いをするというイエスの使命のクライマックスの前のことです．十字架での神の恵みが，最高のかたちで示される時です．したがって，サタンの働きも

また，非常に強く深くそれに対抗しているのです．

　教会の外で祭司長たちが，いろいろと策謀をめぐらして，イエスを捕らえ殺そうとしています．まさに暗黒の世です．しかし，暗黒なのは外だけではありません．教会の中にも最も親しい友の中にも，実は，イエスの愛を拒む者が出現します．そういう状況の中で，ペテロが奨めることと，パウロが奨めることは，自己吟味を怠らず目を覚まして祈りなさいということです．自己吟味を怠らず目を覚まして祈れとは，どういうことかといいますと，わたしは思いますのは，キリストの恩寵を問い続けるということです．キリストの恵みとは，一体どういうものかということを，聖書の中から学んで問い続けていくことです．私たちの罪は非常に深いです．簡単に考えるほど，簡単に赦していただけるほど，軽い罪を犯しているのではないのです．私たちは，死の審きに価するほどの罪を犯している罪人です．生まれながらの罪人です．

　しかし，キリストの恵みは，私たちの罪の深さに勝るものです．罪が増し加わるときには，また恵みも増し加わります．パウロは言いました．この限りなき恩寵を，深くほめたたえなければなりません．罪の認識，罪の自覚，意識が深まれば深まるほど，キリストの恩寵の深さ高さを感謝することができます．

　建物を高く建てようと思えば，土台を深く掘らなければならないのと同じように，恩寵の高さを知り大きさを知ろうすれば，私たちは罪の深さを深く掘り下げねばなりません．そして，イエス・キリストが差し出す恩寵，恵みとして，唯一方的に提供される恵みを，私たちは拒んではなりません．受けいれなければならないのです．そのことをイエスは望んでいます．恩寵によって私たちは生きる，生かされているのが，私たちの生活なのです．

　イスカリオテのユダは大変残念なことでしたが，それを拒否しました．自分で生きると言いました．そこに，彼の大きな罪があったと言わなければならないし，私たちがいつも吟味しなければならない自分の心の罪

であると思います.

　サタンは，キリストに最も親しい中にも影響を与えようとして巧妙に働いていますから，目を覚まして祈り続け，キリストの恩寵の深さ，高さ，広さをいつも覚えつつ，主の前に心から信仰を告白し続けるのでなければならないのです.

　お祈りいたします.
　恵み深い天の父なる神さま.
　あなたの前に立つことができない生まれながらの罪人であり,
　数々の罪を犯してあなたのご栄光を汚し,
　あなたを愛することをせず,
　また己のごとく隣人を愛することができないほど罪深いにかかわらず,
　あなたはイエス・キリストにおいて赦しといのちの恵みを
　私たちに与えてくださいますことを感謝いたします.
　どうぞ，御霊なる御神よ,
　我ら心の内に住みて，われらの心を新しく作り替え,
　このキリストの恵みを心から受けいれるものとならしめてください.
　わたしたちの頑なな心を打ち砕き，サタンの誘惑を退け,
　主の御力によって戦い，神の軍をもってよろい,
　み言葉と祈りにおいて,
　いつも主の忠実な兵士として戦う者とならしめてください.
　わたしたちが唯,
　キリストの恩寵によってだけ生かされるものであることを深く,
　心に覚えさせてください.
　ともすれば，私たちは，順境の時，神のみ名を口にしつつ,
　自らの力と自らの栄誉とおぼえがちでございますけれども,
　そのような時こそ，御父よ，サタンの誘惑を退け,
　主の恵み深きことを心から告白するものとならしめてください.

また，私たちが罪の深さに本当に嘆き悲しみ，

絶望と悲しみのどん底にありますときにも，

主の恩寵が私たちのすべての罪に勝って，

力あるものであることを覚えしめて，

主の恵みのゆえに堅く立つところのものとならしめてください．

今日はまた，愛する者たちを多く集めてくださり，

しばらく相まみえませんでした兄弟姉妹，

しかしいずこにありましても，主の体である教会に連なり，

一つキリストにあって育まれております者を

このように集めてくださいまして，ありがとうございました．

どうぞあい励まして，

ますます信仰の道へと励む者とならしめてください．

主イエスさまのみ名によって，お祈りいたします．

アーメン

1990 年 8 月 12 日（66 歳）

7 世界の終末の希望

ヨハネの黙示録 21 章 1-8 節

　わたしはまた，新しい天と新しい地とを見た．先の天と地とは消え去り，海もなくなってしまった．また，聖なる都，新しいエルサレムが，夫のために着飾った花嫁のように用意をととのえて，神のもとを出て，天から下って来るのを見た．また，御座から大きな声が叫ぶのを聞いた，「見よ，神の幕屋が人と共にあり，神が人と共に住み，人は神の民となり，神自ら人と共にいまして，人の目から涙を全くぬぐいとって下さる．もはや，死もなく，悲しみも，叫びも，痛みもない．先のものが，すでに過ぎ去ったからである．」

　すると，御座にいますかたが言われた，「見よ，わたしはすべてのものを新たにする」．また言われた，「書きしるせ．これらの言葉は，信ずべきであり，まことである」．そして，わたしに仰せられた，「事はすでに成った．わたしは，アルパでありオメガである．初めであり終りである．かわいている者には，いのちの水の泉から価なしに飲ませよう．勝利を得る者は，これらのものを受け継ぐであろう．わたしは彼の神となり，彼はわたしの子となる．しかし，おくびょうな者，信じない者，忌むべき者，人殺し，姦淫を行う者，まじないをする者，偶像を拝む者，すべて偽りを言う者には，火と硫黄の燃えている池が，彼らの受くべき報いである．これが第二の死である．」

　本日は，ヨハネの黙示録の 21 章から学びたいと思います．

　世界の終わりに期待する輝かしい希望について，永遠の神の国の完成について語っています．地球とそこに住む人間の世界は，終わるのではないかということが一般的に考えられています．資源が浪費され，気象が異常に変化し，エネルギーが枯渇し，環境が破壊され，恐ろしい核戦争，あるいは化学兵器が使用されるということからです．そのようなこ

とから，地球とそこに住む人間は，破滅するのではないかと考えられています．そして，悲観的になり，この世がおしまいになってしまう，この世が破壊されてしまうということです．

　確かに聖書は，世界に終わりが来るということを述べています．初めがあったように，終わりがきます．そして，終わりのときには恐ろしい天変地異があり天地が崩壊し最後の審判が行われ，多くの争いと破滅があることを語っています．しかし，聖書の終末観はそれだけではありません．栄光に満ちた神の国が出現するという希望を語っています．新しい天地が神の恵みによって生まれ，神のみもとにいた民が復活し，栄光に満ちた神の国が完成し成就するという希望を示しています．ですから，世界に終わりがくるということは，クリスチャンにとっては希望なのです．

　今日は奇しくも 8 月 15 日であり，今を去る約 50 年前には，黙示録に書かれているように天から火が降ってきてクリスチャンの中には罪に対する審きを感じたという人もいたのです．無教会の有名な指導者であった矢内原忠雄先生は，そのころご自分の職務であった大学教授の職を追われ，無教会の聖書集会をやっていました．矢内原先生は，黙示録を戦争中に講じていました．そこには時局に対する痛烈な批判と日本に対する悔い改めを責める想いをうちに秘めて，黙示録を語っていました．これがしばしば当局の検閲により削除を命ぜられ，ついには続行することができなくなったのです．矢内原先生は，戦後再び，これを取り上げました．戦争がおわってからすぐ，1946（昭和 21）年からこれをとりあげまして，それが今，「黙示録講解」として世に出ているのであります．それを読みますと，迫力をもってみ言葉が語られ受けとめられたことを知ることができます．

　しかし，一般の日本人にとり，終末思想はあまりピンとこないのではないかと思います．なぜかと言いますと，日本の伝統的な思想の中には，世界の終わりという考えがないからです．日本人にとっては，自然は

悠久<ruby>悠久<rt>ゆうきゅう</rt></ruby>なものです．いつまでも続くものです．永遠のものです．自然は，神が住んでいるところです．そして，自然は，内在的にもっている霊の力により次々と続いていきます．終わりということはありません．そして，その中で営まれる人間の世界は，栄枯盛衰はありますけれども，常に循環をしていてぐるぐると回っていて終わることがないのです．世界が終わるという思想は，聖書に基づく思想です．クリスチャンは聖書により，終末を信じていますが，おそらく日本の教会においてはある一部の人々を除いて，それほど切実に終末ということを感じていないのではないかと思います．

　ノアの時代，洪水がくることを知らないで人々が食い飲み，めとり嫁ぎなどをしていたというイエスの言葉を思います．神の審判，この世の終末，永遠の神の栄光に満ちた神の国の出現を信じないで，日常生活の中で食べたり飲んだりすることで自分の生命を維持していく．めとり嫁ぎすることで自分の生命を継承していく．そういうことに人間があけくれていく．そういう状況が，わたしたちの姿ではないかと思います．

　今日は，私たちの希望である永遠の神の国の完成について，み言葉から学びたいと思います．ここで語られているみ言葉は，象徴的です．永遠の出来事を語るためには，象徴をもって語らなければ伝えられないということがあると思います．非常に象徴的な言葉で書かれていますので，注意深く読まなければなりません．21章1節のところをみますと，その前の20章の終わりには，最後の審判があるということ，死人が復活するということ，サタンが滅ぼされるということが書いてあります．そして，新しい天と新しい地とが出現します．先の天と地は消え去って，海もないと書かれています．罪に汚されている古い天地，それはサタンが働いていた舞台でもありましたが，それは火で清められ，罪のない新しい天と新しい地とが生まれてくるのです．

　先ほど，朗読していただきましたイザヤ書65章7節以下ですが，預言のごとく新しい天と地とが創造されたのです．海は，黙示録によれば，

サタンを生み出すところのものです．そういう意味におきまして，海は
ないと言われています．21章2節をみますと，新しい天と地の舞台に，
新しいエルサレムとキリストの花嫁が天から下ってきます．それは，新
しく天と地ができるだけではなくて，罪のない天と地に住むべき新しい
人間の共同体，人間の社会が天から下ってくるのです．聖なる都，すな
わち新しいエルサレムが着飾った花嫁のように用意を整えて，神のもと
を出て天から下ってきます．これはキリストによって贖われた者，キリ
ストのみもとにあって憩（いこ）っている者が復活し，天の教会である真実の教
会が完成し，神の恩寵によって地上に下ってくるということです．

　御座から大きな声があがりました．神と民との永遠の交わりが完成し
ました．地上でも，父なる神と信じる者との間には交わりがありました．
しかし，それが完成した形で天から与えられるということなのです．神
の幕屋が人と共にあり，神が人と共に住み，人は神の民となり，神自ら
人と共にいまして，人の眼から涙をぬぐい取ってくださいます．もはや，
死もなく悲しみもなく，叫びも痛みもありません．先のものが過ぎ去っ
たからです．大きな苦しみの中にある者，苦悩のうちにある者，信仰の
ゆえに厳しい迫害にあっている者の上に，このみ言葉は幾たびか慰めを
与えてきました．人の眼から涙を全く拭い取ってくださり，もはや死も
なく悲しみも叫びも痛みもありません．

　続いて，三つ声がありました．「すべては新しくなった．この言葉を
書き記せ．この言葉は信ずべき言葉である」．そして契約が成就しました．
約束が成就したのです．信ずる者に永遠の命を与えられます．

　信じない者には究極の死，第二の死があります．第一の死は，体の死
です．そして第二の死は，魂の死です．そして神のみ言葉が成就したと
いうことを知らせます．9節から22章の初めにかけて，新しいエルサ
レム，キリストの教会，成就された神の国について語っています．第一
の特色は，栄光に輝いているということです．くり返し，それが出てき
ます．栄光に輝いて，神のみもとから下ってきます．新しいエルサレム

とキリストの栄光というのは，それ自体がもっている栄光ではなく，そこに神がいますということにある栄光です．ダマスコに行く途中，パウロが主にお会いして目が見えなくなったとき，パウロが見た栄光はその一端です．私たちは神の栄光のためにということをよく使います．「すべては神の栄光のためだ」．栄光というのは，一体何なのでしょうか．ただ光り輝くということでしょうか．それは一つの現象にすぎません．栄光というのは，「神がいる」ということです．「神がいる」ときに，それは栄光に輝いています．わたしたちが「神の栄光を表す」ときは，神がわたしたちと一緒にいるということです．

今日は読みませんでしたが，新しいエルサレムの栄光の輝きは，土台から城壁から門から大通りにわたり，すべて宝石でできているということに示されています．輝くばかりの宝石で示されています．先日，テレビを見ていましたら，ハプスブルグ家の宝物展をしているウィーンの美術館を映しましたけれども，宝物の輝きが示されています．わたしたちは現在，神と共に住んで神を仰いでいるわけですから，神の栄光の輝きを今でも，見ることができます．それは，信仰をもってみなければならないのです．しかし，かの時には，なんの妨げもなく完璧に神の栄光が，神のご臨在が示されています．その神の都の土台は，十二の使徒です．神の都の十二の城壁は，ユダヤの十二部族です．

その城壁の構造は，正方形です．正方形は，12000 丁です．12 × 1000 です．1000 というのは，10 の立方という完璧な形を示しているわけです．神の国，新しいエルサレムである神の都は，新約と旧約の両方の教会から成り，完璧な形をもって示されています．そして，それらはみな，栄光に輝いている神の臨在の場なのです．しかし，22 節を見ますと，不思議な言葉が出てきます．「私は，この都の中には聖所を見なかった．全能者にして主なる神と小羊とが，その聖所なのである」とあります．

聖所というのは，昔のエルサレムにあって神がいる場所です．神がそこに我が名をおくといった場所です．そこには契約の箱が置かれていま

したし，そこでは贖いが，罪の赦しが常に宣言されたところです．聖所がないということは神が不在なのかというと，そうではありません．そのあとに書いてありますように，都そのものが，神がいます聖所です．神の小羊が，イエス・キリストが，満ち満ちているところです．夜はもはやありません．太陽の明かりもいりません．神がそこに満ちていますから，栄光に輝いています．ここには国籍の区別もありません．諸民族のなかから選ばれた信仰の民が，いつでも入れるように城壁の門は閉ざされることなく開かれています．こうした叙述を見ますと，説明がつかないところもあるのですけれども，栄光に満ちたものであり神が臨在している場所です．これが，わたしたちが期待する希望です．栄光とともに，その後に書かれていることは，そこには命が満ち溢れているということです．

　22章1節から5節まで，「御使はまた，水晶のように輝いているいのちの川の水をわたしに見せてくれた．この川は，神と小羊の御座から出て，都の大通りの中央を流れている．川の両側にはいのちの木があって，十二種の実を結び，その実は毎月みのり，その木の葉は国民をいやす．のろわれるべきものは，もはや何ひとつない．神と小羊との御座は都の中にあり，その僕たちは彼を礼拝し，御顔を仰ぎ見るのである．彼らの額には，御名がしるされている．夜は，もはやない．あかりも，太陽の光もいらない．主なる神が彼らを照し，そして彼らは世々限りなく支配する」．命です．命の川が流れていて，それは神と小羊の御座から流れています．贖いをなさったイエス・キリストの御座から流れくる永遠の命の川です．その川の両岸に，命の木が豊かな実を結んで葉を茂らせています．こういう光景です．エゼキエル書47章をみていただきますと，同じような光景が書かれています．そして額に御名をしるされたものは，バプテスマを受けたものです．それが礼拝をしているということです．もはや死はないのです．

　ここをみると，創世記との著しい類似をみることができます．創世記

で，神は天と地をお創りになりました．この世の終わりにおいても，神は新しい天と地をお創りになります．天地創造の時，神は「光あれ」といって光を創造し，昼と夜とを分かたれました．しかし新しい創造においては，夜はもはやないのです．光が満ちているのです．創世記の創造のときには，人間はパラダイスから追放されました．しかし終末の時，パラダイスは回復します．エデンの園において，人間はサタンの誘惑を受けました．しかし終末において，サタンは滅ぼされました．罪を犯した人間は，神から追放されました．しかし，今，神との全き交わりが与えられました．罪を犯した人間は，命の木に近づくことがないように，神はケルビムと回る炎の剣をもって命の木への道を絶たれました．しかし，全く罪を贖われた新しい天と地，エルサレムにおいては，命の木の実は私たちに豊かに恵みを注いでいます．聖書の最初，聖書の終わり，この世界の最初とこの世界の終わり，この二つの間に，聖書が示す統一性をここに見ることができると思います．創造の業がありました．人間が罪を犯しました．イエス・キリストが，罪を贖いました．そして，最終的に完成をしてくださいました．

　このように聖書を読みますと，聖書が一つのまとまった書物として，聖書は非常に長い期間，いろいろな人が御霊に導かれ，霊感を受けて書いたのですけれども，驚くべき一致があることをみることができます．終末の希望である神の国は，栄光に輝き命に満ちるものでありますけれども，その完成は人間の努力によるものではありません．天からくるものです．上から下ってくるものです．それが私たちの信仰です．この世において，多くの苦労に打ちひしがれている者は，救済を願います．そして，終末を待望します．人間が求めるところのものです．苦労の中にある人，苦しみの中にある人，その人たちはそこから救われたいと願います．そして，救いを，わたしたちは終末において期待します．ですから，現代のように，生活が豊かであり，これ以上望むものがないという想いに満たされるならば，自分の罪やこの世の罪に深い苦悩を覚えるの

でなければ，多くの人たちは救いなど求めていないのです．しかし，自らの心のうちを思うならば，罪を思うならば，そこにこそ，救ってくださいという，救われたいという願望をもち，神がそれを完成してくださることに大きな喜びを感じるのです．

　神は，その救いをどのように達成してくださるのでしょうか．ここに縷々(るる)述べていることは，神が一緒にいてくださるということです．神が天から降って，地上に来りて私たちと共にいてくださるということです．これが私たちの希望です．そのほかのことではないのです．神と一緒にいたら窮屈でしかたがないという人がいましたけれども，それは罪のためです．いつも神がそばにいるのは，窮屈でしょうがないということです．しかし神が共にいるというとき，私たちを支配するものは愛です．コリント人への第一の手紙13章の愛の讃歌の中で，パウロが述べますように，今見るところのものはおぼろです．しかし，かのときには，顔を合わせて相見ます．今語ることは，子どもが語るようなものです．聖書は神のことをいろいろ語っていますけれども，それは子どもが語っているようなものです．

　しかし，かの時には，神が共にいてくださいます．そして，いつまでも存続するものは愛なのです．そういう意味で，信仰は，ある意味ではなくなります．信じていることが成就するのですから．希望もなくなります．希望していることが完成するのですから．愛がいつまでも残るというのは，そういうことです．そしていつまでも，わたしと共にいてくださいます．神の愛が，わたしたちの間を支配します．それが私たちの救いの願いです．それが私たちの現実における罪の解決です．

　わたしたちは，今，いろいろな大きな問題を抱えています．世界がどうなるのかと不安があります．この平和は，いつまで続くのでしょうか．世界は全く秩序のないバラバラなものになってしまうかもしれません．

　人間の間の愛は冷え，人間の間の正義は全く顧みられず，ただ暴力と欲望が世界を支配する．そういうことをあるいは感じられるかもしれま

せん．しかし，主が与えてくださる終末の希望のゆえに，神がこの世界を支配しているという信仰のゆえに，いつも心の平和に神の御顔を仰いで進んでいくとともに，信仰と希望と愛，そのうち最も大いなる愛というものにおいて，私たちの生活を築いていかなければならないのです．

　お祈りをいたします．
　恵み深い天の父なる神さま，
　私たちが生かされておりまする現実を見ますときに，
　私たちは多くの失望を味わい，嘆きを感じ，
　主の前に救いを求めるものでございますけれども，
　しかし，あなたはなお，その中にも，あなたのご臨在を示し，
　支配を示し，あなたの愛を示し，
　力と正義を示してくださいますことを感謝いたします．
　しかし，神さま，あなたは，やがて来るべきとき，
　御子を再び遣わしてくださいまして，
　この世を審き，死人を復活せしめるとともに，
　新しい天と地と新しい人間の社会を愛に満ち，
　命に溢れ，
　神ともにいます栄光に輝くものを
　私たちに約束してくださって感謝をいたします．
　どうぞ我らが，み言葉に従って
　この信仰をたもち続けていくことができますように，
　現実の多くの労苦にも拘らず，
　我らにいつも希望を与えてくださいますように
　心からお祈りいたします．
　今日は愛する姉妹と兄弟を我らの群れに加えてくださいまして，
　ありがとうございました．
　神さま，どうぞ日々，あなたの民を我らに加えてください．

そして，どうぞ共に一つ信仰と，希望と愛に生きる教会として
私たちを堅く立たしめてくださいますようにお願いをいたします．
救い主であるイエス・キリストのみ名によって，
この祈りをお聞きください．アーメン

1993 年 8 月 15 日（69 歳）

8　ヨブの苦難

ヨブ記 42 章 1-17 節

　そこでヨブは主に答えて言った，
　「わたしは，知ります，
あなたはすべての事をなすことができ，
またいかなるおぼしめしでも，
あなたにできないことはないことを.
『無知をもって神の計りごとをおおう
この者はだれか』.
それゆえ，わたしはみずから悟らない事を言い，
みずから知らない，測り難い事を述べました.
『聞け，わたしは語ろう，
わたしはあなたに尋ねる，わたしに答えよ』.
わたしはあなたの事を耳で聞いていましたが，
今はわたしの目であなたを拝見いたします.
それでわたしはみずから恨み，
ちり灰の中で悔います」.
主はこれらの言葉をヨブに語られて後，テマンびとエリパズに言われた，
「わたしの怒りはあなたとあなたのふたりの友に向かって燃える. あなた
がたが，わたしのしもべヨブのように正しい事をわたしについて述べな
かったからである. それで今，あなたがたは雄牛七頭，雄羊七頭を取っ
て，わたしのしもべヨブの所へ行き，あなたがたのために燔祭をささげ
よ. わたしのしもべヨブはあなたがたのために祈るであろう. わたしは
彼の祈を受けいれるによって，あなたがたの愚かを罰することをしない.
あなたがたはわたしのしもべヨブのように正しい事をわたしについて述
べなかったからである」.
　そこでテマンびとエリパズ，シュヒびとビルダデ，ナアマびとゾパル
は行って，主が彼らに命じられたようにしたので，主はヨブの祈を受け

いれられた.

　ヨブがその友人たちのために祈ったとき,主はヨブの繁栄をもとにかえし,そして主はヨブのすべての財産を二倍に増された.そこで彼のすべての兄弟,すべての姉妹,および彼の旧知の者どもことごとく彼のもとに来て,彼と共にその家で飲み食いし,かつ主が彼にくだされたすべての災いについて彼をいたわり,慰め,おのおの銀一ケシタと金の輪一つを彼に贈った.主はヨブの終りを初めよりも多く恵まれた.彼は羊一万四千頭,らくだ六千頭,牛一千くびき,雌ろば一千頭をもった.また彼は男の子七人,女の子三人をもった.彼はその第一の娘をエミマと名づけ,第二をケジアと名づけ,第三をケレン・ハップクと名づけた.全国のうちでヨブの娘たちほど美しい女はなかった.父はその兄弟たちと同様に嗣業を彼らにも与えた.この後,ヨブは百四十年生きながらえて,その子とその孫と四代までを見た.ヨブは年老い,日満ちて死んだ.

　本日は,旧約聖書ヨブ記全体をテキストとしまして,み言葉をご一緒に学びたいと思います.旧約聖書は文学的に,三つの形態に分かれます.一つは「律法」とよばれるものでありまして,創世記から申命記までの最初の五書です.もう一つは,「預言」といいまして,預言書とよんでいるものがそれにあたります.三つめは「文学」という形態でありまして,詩篇とか,ここで取り上げますヨブ記などがその形態に入ります.

　ヨブ記は42章あり,1章,2章は序文になっています.ヨブ記の最後と最初は,普通の文章,散文になっています.中間の章は,ほとんど,詩の形をしています.ヨブ記は,よく知られたものですけれども,読み通すことはなかなか難しいと思います.ヨブ記は多くの人に愛され,影響を与えている書物です.ここで語られている主題は,ヨブという非常に信仰の篤い資産家の義人が,なぜこの世で苦しみを受け試練が与えられるのかという問題です.私たちが人生で受けるさまざまな労苦と苦難の意味を問うています.正しい神がいて,この世を支配しているならば,正しい人が苦しみ悪人が栄えるのはなぜかということが問われています.

　正しい神がこの世を支配しているならば，どうして社会的不正が存在するのかということが言われます．ですから，神がこの世を支配しているとは，とても信じられないのです．そのような問題と関わっています．一般的な考え方でも，人生の苦難は，罪に対する審きであるという考えがあります．聖書も，そのように教えています．しかし，そのような考えだけでは解決できない現実があります．もちろん，私たちが受けるさまざまな労苦と試練は，自分自身の罪によるものだと自覚する場合も確かにあります．たとえば，大きな病気になり苦労するとき，病気の源になったさまざまな行為を深くとがめるということがあるわけです．しかし，それがすべての苦しみの解決にはならないということも現実であり，ヨブはそういうことを神に問うたのです．

　このような問題に対して，神がどのような答えを出されるのかということを，ヨブ記から，今朝，皆さんとご一緒に学びたいと思います．

　今朝，七，八十人の方が，ここにいらっしゃいまして，お顔をみますと，皆さん一人ひとり十字架を負って生きていると思います．何の労苦もない，何の試練もない平安だと思われるような方であっても，その心の中に，その生活の中に己が十字架を負っているということがあります．そういう意味において，私たちの人生は非常に重いものであると感じられます．詩篇90篇は，よく知られた聖句です．モーセは「我らの齢は70年にすぎない．あるいは健やかであっても80年でしょう．しかし，その一生はただ骨折りと悩みであって，その過ぎゆくことは速く，我らは飛び去るのである」と言っています．詩篇90篇10節から，人間の一生はただ骨折りと悩みであるというのが，神の人モーセの実感でありました．

　私たちは，「重荷を負うて苦労している者は，わたしのもとにきなさい．私は，あなたたちを休ませてあげよう」と招いてくださるイエスの言葉をきいて礼拝に集っています．ヨブ記において，イエスが，神が，また聖書が，私たちにどのような平安と休息を与えてくださるのかというこ

とを，今朝はご一緒に学びたいと思います．初めに，ヨブ記の概略をお話しします．1章と2章は，読みやすい聖句です．ヨブ記1章1節によりますと，東の方ウヅの地にヨブという人がおり，大変信仰の篤い，そして資産をたくさん持った人でした．男の子が7人，女の子が3人．10人の子宝に恵まれていました．羊が7000頭，らくだが3000頭，そして牛，雌ろばが，それぞれ500頭，そしてしもべが多数いました．

　お金持ちの家庭にありがちな争いがなく，子どもたちは大変仲良く暮らしていて，誕生日には，それぞれの兄弟の家に集まりました．そして，みんなが揃ってお祝いしました．10人ですから，毎月生まれていれば，一年に10回，兄弟姉妹がみんな集まってお互いの無事を祝うという家族でした．それでも，ヨブは子どもたちが犯しているかもしれない罪のために犠牲をささげました．子どもたちの心に神を忘れ，神に不平をいうことがあるならば，「どうぞ神さま，赦してください」と子どもたちのために犠牲をささげて祈りをする父親でした．

　模範的な信仰をもっていたヨブについて，サタンが神の前にこう言いました．「なるほどヨブの信仰は立派だ．しかし，それはヨブが非常に恵まれた境遇にあるから，そういう信仰をもっているのだ．立派な財産，立派な家族でもって，神がヨブの家庭を祝福している．だから祝福の源である神に，ヨブが信仰をもってお仕えしているのだ．不幸と貧乏がヨブを襲い，彼の境遇が一変したならば，立ちどころに信仰を失うだろう」と言いました．困った時の神頼みとか，苦しい時の神頼みとかという言葉があります．万事がうまくいっているときは神のことを覚えないけれども，いっぺん苦労にあったり試練にあったりすると神を求めていくということが現実にはあります．境遇が悪くなり試練にあうと，信仰を失うということがないわけではありません．

　非常に信仰深い牧師の親をもった人がいました．その方の父親が信仰のゆえに，警察あるいは憲兵に逮捕され，いろんな拷問を受けて亡くなりました．そして惨めな遺体で戻って来て，引き取らなければいけない

ときに，その息子は「神が本当にいるならば，どうして父がこのような
運命に陥るのだろうか」と言って，神に深い疑念をもったという話も現
実にあるわけです．その方が，後に，信仰を回復して父の後をついで福
音宣教にあたることになるためには，相当の時間がかかったのです．

　神はサタンに，ヨブに試練を与えることをお許しになりました．それ
により，長男のところに集まっていた10人の兄弟姉妹．そこに大風が
吹いて10人の子どもが一度に死ぬということがありました．そしてヨ
ブが持っていた多くの財産も，遊牧民が掠奪し全部がなくなってしまい
ました．しかし，ヨブは，これも大変有名な言葉ですが，「エホバが与
え，エホバが取り給う．私は裸で生まれたのだから，裸でかしこに帰ろ
う」と言いまして，神への信仰を失うことはなかったのです．

　さらにサタンは，神に言います．「自分の家族と財産との損害であって，
自分には何の害も及ばないのだから，ヨブはそのような試練にあっても，
エホバ与えエホバ取り給うというふうに神に信仰告白をしたのだ．その
体に試練が加わって労苦を受けたならば，必ず神を捨てる」と言いまし
た．そこで神はサタンに，ヨブの命を取らないという条件で，ヨブに試
練を与えることをお許しになりました．ヨブは全身のはれ物に悩まされ
ました．その苦しみをみて，ヨブの妻は，「神を呪いなさい」と言いました．
そのときヨブは，「我々は神から幸いを受けているのだから，災いをも
受けるべきだ」と言い，罪を犯すことがなかったのです．

　ヨブに次々と不幸が襲っていると聞いたヨブの友人，エリパズとビル
ダデとゾバルの三人は，ヨブを慰めるためにやってきました．三人の友
人は，遠くの方からヨブをみて，これが昔のヨブなのかと思う程変わり
果てた姿をみました．はじめのうちは，慰めの言葉もなく過ごしたとい
うことです．3章からヨブの独り言が始まります．その中で，自分が生
まれたことを呪います．自分は生まれない方が良かったと言いました．
このような悩みをもっている者に死を与えないで，いつまでも生きなが
らえさせるのかということを，神に言います．「神が，私を愛してくださっ

ているなら，なぜ，私は生かされているのだろうか．神が救ってくださるなら，この苦しみから救われたい」とヨブは言います．ここにヨブがもつ苦悩の深さというものを知ることができます．

　4章からヨブと友人たちの対話が始まります．これがヨブ記の本文になります．20 章にわたり，3 回ずつ対話が行われ，だんだん激しくなります．ヨブが友人たちの忠告をきかず反論したため，慰めにきた友人は，慰めるどころか非常に興奮し激してしまい口論になります．そのような状況が続いていきます．友人たちは，「あなたは昔，元気な時，同じような苦難にあった多くの人に対して，励まし慰めました．しかし，同じような苦難が自分の身に及ぶと耐えられないというのは一体，何事か」というわけです．牧師には大変痛い言葉です．人の労苦をみて慰めるのですけれども，自分の身に労苦が起こったときに，はたして自分が言ったことで自分が慰められるかという問題が起こります．

　イギリスに C. S. ルイスという，平信徒ですが大変有名なクリスチャンがいます．中世文学の権威であり，子どもの本もたくさん書いています．岩波書店から翻訳され，多くの人に読まれています．晩年に奥さまを癌で失い，そのときのことを書いた文章があります．それを読みますと，自分は今まで，がんで亡くなった人，あるいはがんで亡くなりそうな人，あるいは病気で愛する人が亡くなった人を，一所懸命慰めてきました．「あなたは信仰をもちなさい．神があなたを見捨てることはない」と言って慰めてきたけれども，自分の語った言葉が慰めには一つもならないと言っています．自分にとって深刻な，大変なことであったのです．

　友人たちは，ヨブに言いました．友人たちの語ることは，「神は苦しみ，罪を罰するために審きをなさる．こらしめをなさる．苦難というものは，罪に対する神の審きなのだから，あなたは自分の罪を告白して悔い改めなさい」というのです．子どもを失い，財産を全部奪われ，身に病を負い，妻に背かれ，全く孤独になって，神から捨てられたのではないかと感じているヨブに対して言いました．

　聖書には，私たちが受ける苦難は罪に対する神の審きなのだから，悔い改めなさいということがあります．これは間違っていることではないのです．それは正しい教理ですが，ヨブには慰めにならないのです．ヨブは，自分は罪を犯していないとは思っていません．ヨブは，毎日のように燔祭をささげていました．罪の赦しを得るために，神に犠牲をささげていたのですから，自分が完璧で罪がない人間とは思っていませんでした．しかし，なぜ自分がこのような苦しみにあるのかがわからないのです．このような苦しみを受けるほど，自分は大きな罪を犯しているとは思わない．それは，ヨブの本心だったと思います．信仰のために，神が要求するすべてのことを一所懸命やっていました．そういう者に災いを与えられる神は，はたして公平な神なのかという疑いと，神は必ず自分の信仰を見ていてくださるという想い．この二つの想いが交錯いたしまして，ヨブは悩み揺れていきました．これがずっと続いていきます．これがだんだん激しくなっていきます．

　三人の友人とヨブとの会話が行き詰ったときに，もう一人の友人エリフが現れます．この人の言葉も，ほぼ三人と変わりません．彼は，神が偉大な主権者であり，すべての者の支配者，創造主であるということを語り，神に論戦を挑む，そういうヨブの高慢さを責めるのでした．ヨブは，人間から慰めは得られない．だから直接，神に自分の労苦を申し上げて，神から直接解決と救いをいただきたいと思い，神に自分の正しさを訴えていきます．

　友人との話し合いが終わった後，38章からでありますが，最後に神がつむじ風のなかで現れ，み言葉を語ります．それは，自分は全能者であるということ，人間は神の心を知ることができないということ，そして神がなさる摂理を人間は浅はかな心をもって批判することができないということを語ります．神はただ，それだけを言います．ですから，神は，ヨブが求めた答え，問題に対して真正面からお答えになっていないと多くの註解書は考えます．神は正しい方であるということ，自分が受

ける苦難とどういう関係にあるのか，自分が受ける苦しみは何のため，どういう意味をもっているのかということに解決が与えられないと言います．そして，ヨブが言っていることは正しいのだということも承認されないのです．神はヨブの質問に何も答えられませんでした．そして，神はご自分が神であること絶対者であること全能者であること，すべてをみ心のまま行われる方であることを述べられたのです．

ヨブは神のお答えに，不満だったのではありません．ヨブは悔い改めました．先ほど読んでいただきました 42 章の最初のところで，ヨブが語ります．「わたしは知ります．あなたはすべての事をなすことができ，またいかなるおぼしめしでも，あなたにできないことはないことを．『無知をもって神の計りごとをおおうこの者はだれか』それゆえ，わたしは，みずから悟らない事を言い，みずから知らない，測り事を述べました」．

神は，全能者です．しかし，私は，高慢にも神のみ心を知ることもなく語りました．それで私は，地の中で悔い改めました．高慢を悔い改めたのです．私たちは，ヨブが，神に求めた労苦多い人生の意味を，解決したと考えなければなりません．ヨブは，平安をもって救われました．ヨブ記の最後には，ヨブは，繁栄をもとに返されて，持っている財産の二倍を与えられましたとあります．子どもが 10 人から 20 人になったのではありませんが，財産は倍になったのです．ヨブは神のこのようなお応えに満足をしたのです．平安が与えられたのです．そこには解決があったのです．

どういう解決だったのでしょうか．それは，こういうことではないでしょうか．ヨブは，この世界におけるすべてのこと，もちろん自分の身に起こる幸いなことも，災いも全部含めて，神の御手の中にあるということを知ったのです．神から離れることにおいて自分に災いが及んだのではない．自分の身におきた災いは，神が捨てたということではない．しかし，確かにそこには神の御手，イエス・キリストを与えてくださった神の御手が現実にそこにあるということを知ったのです．ヨブは，自

分の身に起こったことの意味はわかりませんでした．ヨブ記1章，2章
を見ますと，天上における神とサタンの会話があります．なぜヨブが苦
難を得たのかということがわかります．

　しかし，ヨブはわかりませんでした．その意味はわかりませんでした
けれども，これは神がなさった業ということで満足したのです．いろい
ろ労苦があるときに，意味がわかりますと耐えられる時があります．戦
争中，若者たちは軍隊にとられ，戦争に派遣されたのであり，そこには
当然死がありました．特攻の人はもちろんですけれども，そうでない人
も死ということはありました．そのときに，どうしたら死ねるかという
問題があります．どうしたら死ねるかというときに，この死がどういう
意味かということがわかっていますと，人間は死ぬことができます．

　しかし，ヨブの場合，その死の意味について神から教えられることが
なくても，すなわちわからなくても，これが神のみわざであるというこ
とを認めて信じなさいということなのです．これが，ヨブが私たちに与
える回答です．その意味はやがてわかります．たぶん，この世を終わっ
たのち，私たちは自分の人生に起こったさまざまな出来事の意味を知る
ことができましょう．身の回りに起こるさまざまな労苦に耐えようとす
るときに，我々は，それは，どのような意味があるかということを問い
続けていくのです．

　しかし，聖書では，人間的な視点からこの病の意味を，この労苦の意
味を合理化する，理屈をはっきりたてるということを全部拒否します．
ですから，苦しみの意味が神秘として残ります．わからないのです．わ
からないのですけれども，そこに神の御手があるということを信じなさ
いということです．意味はわからない．神秘として残る．だから，いつ
も疑っていかなければならないということではありません．神秘として
残り，それはわたしたちの疑惑の対象として，いつも疑っていく．何で
いつも自分はこんなに苦労しなければならないのかということではない
のです．神秘として残りますが，その神秘は神のなさる業です．神の御

手があるのだと信じることによって，自分の人生の労苦を耐えることができるのです．実は，これは大変な信仰です．それは，神に対する絶対的な，無条件な信頼を求めるからです．

　ヨブ記42章で非常に注目すべき言葉があります．42章5節です．「わたしはあなたの事を耳で聞いていましたが，今わたしの目であなたを拝見します」．「拝見する」というのは訳語として丁寧な言葉です．「今，私の目であなたをみます」．言葉であなたのことを聞いていました．しかし，「今は目であなたを見ます」と言っています．「神をみる」，19章25節から27節にも同じような言葉が出てきます．これはヨブの言葉です．「私は知る，わたしをあがなう者は生きておられる，後の日に彼は必ず地の上に立たれる．わたしの皮がこのように滅ぼされたのち，わたしは肉を離れて神を見るであろう．しかもわたしの味方として見るであろう．わたしを見る者はこれ以外のものではない．わたしの心はこれを望んで，こがれる」．わたしを贖う者は生きておられる．そして今，神はわたしの敵として立っているように思われるけれども，そうではない．私の味方として立っているのだ．わたしはこの目で神を必ず見ると言っています．それと同じことだと思いますが，42章5節でも「わたしはあなたの事を耳で聞いていましたが，今はわたしの目であなたを拝見いたします」とあります．

　「神を見る」ということは，聖書全体の教えからすると，わたしたちが肉の目をもって神をみることができるということではありません．神は形のない方ですから．また神秘的な宗教にあるような，人間がひとつ恍惚的な状態になって神を幻覚的にみるということでもありません．麻薬を使う人は，麻薬を打っている中で神の幻覚をみるということがあるのでしょう．それがたまらないことなのでしょう．しかし，そういうことを言っているのでもありません．

　「目でみる」ということは，耳で聞いたこととは違うということです．耳で聞いたこととは違います．「目でみる」ということです．これは非常

に確かな神に対しての経験をもつということです．それはどういうしか
たであるかわかりません．ヨブは，自分に与えられた試練と苦しみの中
で，神を見たのです．それが神の業であるということをしっかりと確信
できたのです．これが，ヨブが得たところの解決ではないかと思います．

　苦しみが襲いますときに，苦しみの外に神を見ようとします．しかし，
そうではなくて苦しみの中に，苦しみそのものが神の御手の中にあると
いうこと，そこに神の御手を見たときに，神の御業であるゆえに私たち
は平安をもって神を仰ぐことができます．そういう信仰に立たされるの
だと思います．

　ヨブの苦難は，地上に生きている限り，永遠の課題である人生のさま
ざまな労苦，あるいは社会，世界における悲惨と戦争と飢餓と，そうし
たものに悩まされる人たちの姿，そしてまた，一方において悪賢く神を
信じない人たちが栄えていくというこの現実の中で，神の存在と支配は，
はたしてあるのかという厳しい問いかけに関連します．

　それは自分の生涯だけでなく，世界全体をみてもそうです．そういう
厳しい問いかけに対して，聖書全体が与えることは，神が世界を支配し
ているということです．そこに，どんなにカオスがあり，どんなに混沌
があり無秩序があり悲惨なことがあっても，神が支配しています．それ
ゆえに，それらの中に神の御手をみて，神のみ名を崇めなければなりま
せん．そういう信仰が要求されています．それは，イエスの「すべて重
荷をもっているものは，わたしのもとに来なさい．わたしは，あなたを
慰めてあげよう」とのみ言葉にもつながっていきます．

　お祈りをいたします．
　恵み深い天の父なる神さま，
　まことに平和な秋晴れのこの主の日に，
　み前に礼拝をもつことができまして，感謝申し上げます．
　しかしながら，私たちのすべての者の心に，

重い重荷が背負わせており，世界の至る所に戦争と，
そしてまた，飢餓とそれによって起こるところのさまざまな悲惨が，
流血が報道されております中に，
私たちは聖なる，義なる，愛なる神さまの支配について，
どうぞ確信がもつことができますように心からお祈りいたします．
あなたは全能者にして絶対者，
初めからすべてを見通される永遠の神であり，
永遠のうちに
すべてを定めておられる聖定者なる神さまでございますがために，
私たちは，その神さまの前に人間の小賢しい知恵をもって，
あげつらう者ではなく，ただ神さまの支配に身を委ね，
信頼を委ねる者となることができるように
導きを与えてください．
神さま，あなたは独り子イエス・キリストを私たちのために降し，
十字架の贖いを成し遂げてくださいました．
この確かなる神さまの愛のしるしを私たちは片時も見失うことなく，
どうぞ毎日毎日の襲い来るところの試練の中で，
主ともにいますことを覚えて主を見ることができますように
導きを与えてください．
どうぞ私たちを謙遜にし，
私たちが互いに愛をもって祈り合う信仰の群れに
成長させてくださいますようにお祈りをいたします．
愛しまつる救い主イエス・キリストのみ名によってお祈りいたします．
アーメン

1993 年 10 月 10 日（69 歳）

9　アブラハムの信仰

ヘブル人への手紙 11 章 8−19 節（創世記 17 章）

　信仰によって，アブラハムは，受け継ぐべき地に出て行けとの召しを
こうむった時，それに従い，行く先を知らないで出て行った．信仰によっ
て，他国にいるようにして約束の地に宿り，同じ約束を継ぐイサク，ヤ
コブと共に，幕屋に住んだ．彼は，ゆるがぬ土台の上に建てられた都を，
待ち望んでいたのである．その都をもくろみ，また建てたのは，神である．
信仰によって，サラもまた，年老いていたが，種を宿す力を与えられた．
約束をなさったかたは真実であると，信じていたからである．このよう
にして，ひとりの死んだと同様な人から，天の星のように，海べの数え
がたい砂のように，おびただしい人が生まれてきたのである．
　これらの人はみな，信仰をいだいて死んだ．まだ約束のものは受けて
いなかったが，はるかにそれを望み見て喜び，そして，地上では旅人で
あり寄留者であることを，自ら言いあらわした．そう言いあらわすこと
によって，彼らがふるさとを求めていることを示している．もしその出
てきた所のことを考えていたなら，帰る機会はあったであろう．しかし
実際，彼らが望んでいたのは，もっと良い，天にあるふるさとであった．
だから神は，彼らの神と呼ばれても，それを恥とはされなかった．事実，
神は彼らのために，都を用意されていたのである．
　信仰によって，アブラハムは，試練を受けたとき，イサクをささげた．
すなわち，約束を受けていた彼が，そのひとり子をささげたのである．
この子については，「イサクから出る者が，あなたの子孫と呼ばれるであ
ろう」と言われていたのであった．彼は，神が死人の中から人をよみが
えらせる力がある，と信じていたのである．だから彼は，いわば，イサ
クを生きかえして渡されたわけである．

　ヘブル人への手紙第 11 章のアブラハムから，み言葉を学びたいと思
います．ヘブル人への手紙第 11 章には，信仰をもって，この世を歩ん

だ旧約聖書の人々のことが書いてあります．わたしたちは，よく，「信仰」という言葉を口にします．それは，キリスト教にとって，中心的な位置を占める心のあり方です．聖書においても，私たちの間でも，「信仰」はさまざまな意味をもって使われています．そのいろいろな意味について，今日は話をするつもりはありませんが，ヘブル人への手紙 11 章 1 節で，「信仰」についてはっきりと語っています．すなわち，信仰とは「望んでいる事がらを確信し，まだ見ていない事実を確認することである」です．すなわち，望んでいることの確信，見ていない事実の確認ということです．現在もっていませんが，将来必ずもつことができると確かに思う心の状態です．それは，神のみ言葉の約束に基づいて信じることです．たとえば，死んで後天国に入ると信じていますが，まだ信じていない場合には，その信仰をもっていないことになります．持っていないのですが，神のみ言葉の約束により生が終わるときには必ずそのようになると確認していることです．それが，信仰です．

　今日は，信仰の父，すなわち信仰の模範あるいは信仰の原型とも言われるアブラハムの信仰から私たちの信仰を顧みたいと思います．アブラハムは，今から 4000 年ほど前，すなわちイエス・キリストがお生まれになった紀元元年を中心にして，ちょうど反対 2000 年折り返した時代，紀元前 2000 年頃，中近東にいた人です．ユダヤ人の先祖と言われている人です．

　創世記 12 章から 25 章にかけて，アブラハムの信仰の生涯が書いてあります．正確には 11 章終わりから 25 章半ばにかけてです．非常に長い部分をさいて，信仰の生涯が書いてあります．

　新約聖書でも多く取り上げられていて，ヘブル人への手紙 11 章 8 節から 19 節に，アブラハムのことが書いてあります．その他，使徒行伝 7 章初めにステパノの説教がありますが，そこにアブラハムのことが書いてあります．それから，ローマ人への手紙 4 章終わりにも，アブラハムのことがふれられています．いろいろなところで，アブラハムのこと

が書かれています. ヘブル人への手紙 11 章 8 節から 19 節にかけては, アブラハムの生涯の節目となった三つの出来事を取り上げて, 彼の信仰のあり方を示しています.

第一の節目は, 彼の召命です. それは, アブラハムがまことの神を信じるようになった時, 救われた時です. 第二の節目は, イサクが誕生した時です. そして第三の節目は, アブラハムの生涯の終わり近くに起こったことです. 独り子であったイサクを「神への犠牲としてささげなさい」と言われた出来事です. この三つの出来事を, 取り上げています.

ヘブル人への手紙には, アブラハムが到達した信仰が, 結論的に書かれています. そこに至るまでには, いろいろな心の戦いがありました. たとえば, サラに独り子が与えられると言ったときに, サラは年老いていましたが, 信仰によって子どもを産む力を与えられました. また, 受け継ぐべき地に行けとの召しを受けたとき, アブラハムは, 信仰によって, それに従い行く先を知らないで行きました. 信仰によって, 約束の地に宿り, 同じ約束を継ぐイサク, ヤコブと共に幕屋に住みました. アブラハムは, ゆるがぬ土台の上に建てられた都を待ち望んでいました. その都をもくろみ, 建てたのは, 神です. 信仰によって, 年老いていましたがサラも種を宿す力が与えられました. 約束をなさった方は真実であると, 信じていたからです.

このようにして, 死んだと同様な人から, 天の星のように海べの数えがたい砂のように, おびただしい人が生まれました. これらの人はみな, 信仰をいだいて死にました. 約束のものは受けていませんでしたが, はるかにそれを望み見て喜び, そして, 地上では旅人であり寄留者であることを自ら言いあらわしました. 言いあらわすことで, 彼らがふるさとを求めていたことを示しています. 出てきた所のことを考えていたなら, そこに帰る機会はあったでしょう. しかし実際, 彼らが望んでいたのは, 天のふるさとでした. ですから神は, 彼らの神と呼ばれても, それを恥とはされませんでした. 神は彼らのために, 都を用意しました.

アブラハムは試練を受けたとき，信仰によってイサクをささげました．アブラハムは，約束の独り子をささげました．その独り子は，「イサクから出る者が，あなたの子孫と呼ばれるであろう」と言われていたのです．そして，約束してくださった神は真実であると信じました．サラがこれを信ずるようになるために，さまざまな戦いがありました．そのことが，ヘブル人への手紙では省略しています．結論だけ書いています．

聖書は，人間の心理描写をしていません．アブラハムがどのように悩んだか，どのような戦いをしたかということは，小説などでは詳しく書きます．私たちはそれを見て自分の心と照らし合わせて，いろいろと感ずるのですが，聖書はあまり人間の心の状況を描写しません．それでも創世記をみると，そういう信仰に到達するまでの戦いの過程を幾分か知ることができます．それを見ますと，生涯にわたってアブラハムは，信仰の成長を遂げたということがわかります．最初から信仰がありましたが，そのような経験をとおして，だんだんと信仰の成長を学んでいきました．そのことを今日は，注目して学びたいと思います．聖書は，キリスト教信仰について教えています．それは，神のみ言葉に基づいて，神に絶対に信頼するということです．これが，信仰だと教えられます．神は私たちを愛してくださっている．神は，私たちの必要を全部ご存じである．だから，あなたがたは何を食べようかと思い煩うな．思い煩いを一切捨てて，ただ全能なる神に全幅の信頼をおきなさい．このように教えています．

翻って自分の信仰の現実を考えますと，たくさんの思い煩い，疑い，悩み，不安，すなわち不信仰が共存しています．わたしたちには，不動の信仰，どんなときにもたじろがない信仰が最初からあるわけではありません．信仰の戦いの中にあって，心の中には，明日は何を食べようか，何を着ようか，私たちの命はどうなるのだろうという不安が絶えずあります．そのような戦いをとおして，神に対する信頼が確かなものへと成長していくのです．

　アブラハムの生涯をみますと，アブラハムは一生をとおして，こうし
た訓練を受けたことがわかります．そして，その訓練の内容は，具体的
な内容は違うかもしれませんが，生涯をかけて神からうける信仰の訓練，
試練の一つの模範であるということができると思います．そうした思い
をもって，アブラハムの信仰の生涯を，ヘブル人への手紙に従って，辿っ
てみたいと思います．初めは，彼が神から召しを受けて救いを受けたと
いう出来事です．アブラハムは，カルデヤのウルという土地の人でした．
カルデヤのウルというのは，ユーフラテス川という大きな河がペルシャ
湾にそそぐ河口近くにあり，昔から栄えていた町です．最近起こった湾
岸戦争で，いろいろ報道されていた地域です．そこで，アブラハムは家
族と共に偶像を礼拝していました．最初から，クリスチャンではありま
せんでした．最初から，天地創造の神を信じていた人ではありませんで
した．

　宮城県でも，最近，旧い人が住んでいたのではないかとの発掘があり，
多くの興味と関心が惹かれています．同じような関心をもって，ウルは，
世界的な規模で発掘調査がされたところです．発掘調査から，さまざま
な跡が出てきました．たとえば，神殿の跡が出てきました．王様の墓が
出てきました．ウルの発掘は，書物にもなっていますから，読むことが
できます．そこで礼拝されていた神は，月の神，シンと呼ばれていました．
月の神の礼拝が行われていました．たとえば，日本では，太陽を神とし
て礼拝します．太陽の恩恵によって，植物が繁殖し，たくさん収穫しま
す．太陽が神であるということで，太陽信仰があります．月も，また非
常に神秘的です．月により潮が満ちたり引いたり，また月が丸くなった
り欠けたりすることで，時間の経過がわかることがあります．月も，古
代，現代の人間の信仰の対象になっています．月の神を拝んでいます．

　そこで，神の召しがありました．あなたは国を離れ，親族を離れ，父
の家を離れ，故郷を離れ，わたしが示す地に行きなさい．こう神の命令
を受けました．偶像礼拝者であったアブラハムに，神は，「この国を出

て行きなさい，そして私が示す地に行きなさい」と言いました．なぜ，このような救いのみ心を示されたのかは，私たちにはわかりません．それを神の選びといいます．ヘブル人への手紙 11 章 8 節を見ますと，「行く先を知らないで出て行った」とあります．「行くところを知らない」「どこに行くかわからない」です．

「行け，ここを出て行け」と神が言われました．「わたしは，あなたに新しい地を与える，ここを出て行きなさい」．どこへ行くかわかりませんけれども，ただ神の言葉を信じて出て行きました．これは小さい子どもが，どこに連れて行かれるかわからないけれども，ただ親について行くことと同じです．幼子の絶対の信頼です．この人について行きます．この人と一緒に行くということです．状況が悪い時かもしれません．あるいは，死への旅路の時かもしれません．親が何を考えているかわかりませんが，とにかく親について行く．それが信仰の本質です．この時，アブラハムは 75 歳でした．70 歳というのは，引退しようかという年齢です．アブラハムは 75 歳から出発しました．元気な人です．非常に素晴らしい信仰です．けれども，聖書を見ますと，一直線に信仰を貫いたということはありませんでした．

アブラハムは，途中で立ち止まってしまいました．神の言葉を信じて出発しましたが，途中で止まりました．いろいろな不安があったのだと思います．ですから，神はくり返し，「もっと前に進みなさい．私が示す地に行きなさい」と言われました．くり返し顕れて，アブラハムを導かれました．そして，長い旅を終わると，神が約束したカナン，今のパレスチナに着きました．着きますと，先住民が住んでいました．神が示した地に行ってみると，すでに他の人が住んでいました．「ああ，だまされた」「これが，神が言われた土地なのか」．アブラハムは生涯で，先に死んだ妻サラの墓以外，約束の地で，一片の土地も所有しませんでした．普通に考えれば，空手形でないかと思います．ですから，そこには，信仰の動揺がありました．アブラハムは，さまざまな弱さを示しました．

身の安全を守るために，サラを自分の妹と呼んだりしました．そして，妻に対しても，他の人に対しても，罪により迷惑をかけました．

　ヘブル人への手紙にありますように，アブラハムは生涯，旅人でした．一か所に定住した人ではありませんでした．約束の地と言われたところでも，毎年のように動き回らわなければならない寄留者でした．しかしアブラハムは，一人旅をしたわけではありません．妻がいました．また甥のロトも一緒でした．同じ信仰をもつ人々と共に，アブラハムは旅人として生涯を過ごしました．そしてアブラハムは，どんなところに行きましても，祭壇を造って神を礼拝しました．そして，神は，そこに，ご自身を顕されました．そして，彼の信仰は養われていきました．

　書物で，人生は旅であるという言葉をよくみます．松尾芭蕉も，人生は旅だと言っています．キリスト教信仰においても同じであり，信仰生活も天国をめざす旅です．『天路歴程』という書物がありますけれども，これは信仰者が天国をめざしていく旅のことが書いてあります．信仰の旅は，いつも前に向かって進まなければなりません．一か所に安住してはいけません．定住してしまってはいけません．ここに，神が与えられる救いの意味があります．

　私たちには，いろんな不安があります．迷いがあります．そして，そこから救ってほしいと神にお願いをします．定着したいのです．安心したいのです．しかし，神が与える救いは，安住し，留まり，安心し，満足するということではありません．いつも現状を出て，目的に向かって進むことです．そういうことを考えますと，イエスが旅先でお生まれになったということも大変意味が深いことかもしれません．東の博士たちが長い旅をして，イエスのところきて，礼拝をしました．霊的には，いつも現状に満足しています．しかし，安住してしまうのではなく，旅人として，来るべき天国に向かって歩み続けていくことで，イエスに出会うことができるということです．

　ヘブル人への手紙11章13節から16節にありますように，アブラハ

ムがめざしたのは地上の都ではありませんでした．天の故郷でした．約
束の地カナンは，そこに住んで定着して，そして財産も増えて，子孫も
増えて，非常に満足した地上の生活を送るということではありませんで
した．カナンは一つの通過点であって，そこが示しているのは天の故郷
であり，それをアブラハムが慕い求めていました．そのために，旅を続
けていました．カナンの地は，そういう意味で，地上における富という
ことではなく霊的な神の国を現しています．そこに至るまで，魂の安ら
ぎを得ることができません．それが，第一に学ぶことです．

　第二の節目は，イサクの誕生です．アブラハムに子どもがありません
でした．神が大きな財産を与え，土地を与えると約束をしましたけれど
も，世継ぎがありませんでした．アブラハムは，そのことを神に言いま
した．「どんな祝福を与えてくださっても，わたしには家督がございま
せん」．アブラハムには子どもがいませんでしたので，当時の風習に従い，
甥のロトを家督としました．養子にしました．しかし，ロトは，この世
的になり，アブラハムから離れて行ってしまいました．肉親の者がいま
せんので，アブラハムは，奴隷の一番の頭であるダマスコのエリエゼル
を自分の家督としました．そのとき，神は，あなたの子どもが世継ぎで
ある．この者が世継ぎではない，あなたの身からでる者が，あなたの子
どもが，世継ぎになると言われました．常識的に考えてどうでしょうか．
アブラハムは，年をとっていました．妻サラも子を産まないで，年をとっ
ていました．それで，自分の子どもが世継ぎになると神が言われたので
あれば，別な方法で自分の子どもを備えてくださると考えたのです．き
わめて常識的です．そして，その当時の習慣に従って，妻サラの使い女，
ハガルを妾として自分のところに入れました．そして，イシマエルとい
う子どもを得ました．イシマエルは，まさしくアブラハムの子どもです．
ここで神のみ旨がかないました．神の約束は成就しました．

　しかし，ここでまた，アブラハムは足踏みをします．神がもう一度現
れ，イシマエルは，あなたの子だけれども，世継ぎは彼ではない．妻サ

ラの子どもであると言われました。ヘブル人への手紙11章11節では、「信仰によってサラは、それを信じた」とありますが、創世記を読みますと、不信仰と弱さがありました。アブラハムも、サラもそうでしたけれども、「サラに子が生まれる」といわれたとき、笑いました。「イサク」は、「笑う」という意味です。「笑った」というのは、嬉しくて笑ったのではなくて、そんなばかなことがありましょうかと笑ったのです。「私をからかっているのではないでしょうか。もう老年で、100歳と90歳です。とてもそんなことは考えられません」。ですからわたしは、「神のみ旨に従って、ハガルという若い女性によりイシマエルという子どもを得たのです。この子を祝福してください」と願いました。しかし神は、全能の力をもって、イサクをサラから生まれせしめました。創世記17章で、「わたしは全能の主である」。「ヘルシャカイ」という言葉です。「全能の主である。お前は、わたしの全能を信じていないではないか」。

　使徒信条の告白のたびに、「われは天地の造り主、全能の父なる神を信ず」と言います。「神は全能といっていますけれども、そういうことはしないではないか」と思うのは、不信仰ではないでしょうか。しかし、サラの死んだ胎から命が生まれました。こうして、アブラハムとサラは「神の全能の力、全能の主なる神、神の約束は真実だ」ということを知りました。

　私たちは、約束をしますが力たらずで約束を果たせない時があります。約束を最初から破るつもりはありません。約束をして、誠実に守ろうとしますが、力及ばずできないことがあります。しかし神は、約束なさったことは、必ず実現する力を持っています。イサクから、イエス・キリストを思うことができます。イエスは、おとめマリヤから生まれました。サラの奇蹟よりも、もっと深い力、大きな力をもって、おとめマリヤから独り子が生まれました。イサクが、妻サラの死んだ胎から生まれたことは、救い主イエス・キリストがおとめからお生まれになったことの前ぶれでした。ですからアブラハムは、イサクの誕生で示された神の力を

見ることによって，イエス・キリストを信じていたのです．

　アブラハムの最後の試みは，人生の終わり頃にやってきました．それは独り子イサクを，モリヤの山で犠牲としてささげなさいと神に言われたことです．創世記22章に書いてあります．容易に想像できますが，アブラハムの父親としての苦悩があったはずです．「独り子を神にささげなさい．神は，その命を求めています」．こう言われた時，いくら神の言葉でありましても，老年の独り子です．何人子どもがいようとも，父親として，そのときの苦労は察するに余りあります．しかし，事柄の本質はもっと深いです．一人の父親としての苦悩よりももっと深いのです．それは，18節に書いてあります．「この子については，『イサクから出る者が，あなたの子孫と呼ばれるであろう』と言われていたのであった」です．イサクは神の約束のしるしです．神はご自分の約束が確かであることのしるしとして，イサクを与えられました．「そのイサクを殺せ」と神が言われたことは，神の約束の破棄を意味しています．神の真実そのものが，疑われています．彼の闘いの苦悩はわかりませんが，アブラハムは神の命令に従い，イサクをモリヤの山で祭壇にささげようとしました．それは信仰によります．

　その信仰は，何なのでしょうか．それは19節に書いてあります．「たとえ，イサクが死んでも，神は彼を生かす」と信じるということです．それは，神の契約を破ってしまうのです．神は，「約束の子どもを殺せ」と言いました．それでも，アブラハムは従いました．そのとき，アブラハムは，「神はそう言っているのだから，そのことでイサクが死ぬことがあっても，神は生かしてくださる」と信じたのです．

　これは，死人のなかから救い主イエス・キリストを復活させてくださった復活の信仰，そのものです．モリヤの山というのは，エルサレムです．そこに祭壇を造りました．そして独り子をささげました．それは，エルサレムで，独り子の犠牲を受けいれ復活させた神のみ業，イエス・キリストの型そのものです．これが，一番の試みでした．そして，アブラハ

ムは，神を信頼する信仰へと導かれていきました．これは，彼の生涯の
クライマックスです．彼の人生は，これで終わりました．アブラハムの
ことを22章から25章まで，少し書いているのですが，これは付け足し
です．この訓練が，彼の生涯の歩みの意味付け，目的でした．これが終
わったときに，彼の地上の生涯は，終わりました．後は，この信仰をもっ
て天国に迎えられるということだけです．準備ができたということです．

　アブラハムの信仰は，偶像礼拝の中から我々を召し，天国に向かって
旅出させた神，おとめマリヤから生まれた独り子イエス・キリストを信
じ，そのイエスの死と復活を信じる信仰と全く同じです．アブラハムに
は神の言葉を確かだと思う信仰と，それを疑う不信仰とが一緒にありま
した．彼の生涯は，そうした人間の想いからする，人間の常識からする，
人間の考えからするところの信仰です．結局は，神のみことばに対する
信仰によって，打ち砕かれなければなりません．その信仰ができたとき
に，私たちは天国へ迎えられます．その信仰の訓練こそが，アブラハム
の生涯だったのです．

　それは，私たちの人生の歩みの目標でしょう．何十年も生きる場合も
あるでしょうし，若くして死ぬ場合もあります．しかし，いちようにこ
の生涯が終わり，天国に迎えられるときには，神のみ言葉は確かです，
一点の疑いもなく確かですという信仰をもって，この世の生涯を終わる
ように訓練を受けています．若い人が，若くして命を取られるとき，そ
の訓練は激しいです．ですから，魂は揺さぶられます．何十年の生涯を
経て神のもとに安らかに召されていくときの信仰と同じ信仰です．

　パウロは，この信仰こそ，義と認められる信仰だと言っています．私
たちが神の前に義と認められる信仰は，そういう信仰です．自分の人生
を顧みると，さまざまな経験があったと思います．そして，節目節目に
大きな試みがあったことを覚えます．そのたびに学ぶことは，神のみ言
葉とイエス・キリストの死と復活を信じるということです．そのことが，
私たちにとって，最も確かなことでありましょう．そして，それは信仰

の経験と訓練を積むことです．そうしつつ，私たちは，天国をめざして，見えない，揺るがぬ都をめざして歩み続けます．そのことをアブラハムの生涯から，深く学びたいと思います．

　お祈りをいたします．
　恵み深い天の父なる神さま，
　あなたは本当に不思議な御計画のもとに
　私たちに命を与えてくださいまして，
　わたしたちは今，地上の生涯を歩み続けておりますけれども，
　それはただあなたが私たちに生きよと命ぜられる
　そのみ心に従ってであることを思います．
　そして神さま，わたしたちはさまざまな経験と試みの中で，
　思い迷い，悩み不安に思う，その只中にあって，
　神さまが私たちを愛し，私たちを守り，導き，私たちを支えてくださる，
　共にいてくださるとのみ言葉の御約束が
　真実であることを知らしめられております．
　どうぞ，わたしたちにそのようなことを認めることができる
　信仰の眼を聖霊によって与えてくださいますようにお祈りをいたします．
　わたしたちは真に弱いものでありまして，
　試みに耐えることができない愚かな者でございますけれども，
　神さま，どうぞわたしたちを殊更なる試みに合わせたもうことなく，
　しかしまた，その人生のさまざまな経験をとおしまして，
　み言葉が確かであること，
　神さまに対する幼子のごとき信仰が，
　わたしたちにとって本当に神さまの前に義と認められ，
　イエス・キリストに会いまつることができる
　信仰であることを覚えさせてください．
　そのための訓練，本当に祈りをもって

立ち向かうことができるように導いてください.
神さま, 私たちの教会を顧みてくださいまして,
本当に一人ひとりが多くの悩みを抱えつつもまた,
こうして共に主イエス・キリストが共にいます,
御国をめざす信仰へと, 天国へと,
信仰の道を共に歩む交わりを祝福してくださいますように
お祈りいたします.
われらの愛しまつる救い主イエス・キリストの
み名によってお祈りをいたします.
アーメン

1993 年 5 月 16 日 (69 歳)

10 キリストの死

ヘブル人への手紙 9 章 1−15 節

さて，初めの契約にも，礼拝についてのさまざまな規定と，地上の聖所とがあった．すなわち，まず幕屋が設けられ，その前の場所には燭台と机と供えのパンとが置かれていた．これが，聖所と呼ばれた．また第二の幕の後に，別の場所があり，それは至聖所と呼ばれた．そこには金の香壇と全面金でおおわれた契約の箱とが置かれ，その中にはマナのはいっている金のつぼと，芽を出したアロンのつえと，契約の石板とが入れてあり，箱の上には栄光に輝くケルビムがあって，贖罪所をおおっていた．これらのことについては，今ここで，いちいち述べることができない．これらのものが，以上のように整えられた上で，祭司たちは常に幕屋の前の場所にはいって礼拝をするのであるが，幕屋の奥には大祭司が年に一度だけはいるのであり，しかも自分自身と民とのあやまちのためにささげる血をたずさえないで行くことはない．それによって聖霊は，前方の幕屋が存在している限り，聖所にはいる道はまだ開かれていないことを，明らかに示している．この幕屋というのは今の時代に対する比喩である．すなわち，供え物やいけにえはささげられるが，儀式にたずさわる者の良心を全うすることはできない．それらは，ただ食物と飲み物と種々の洗いごとに関する行事であって，改革の時まで課せられている肉の規定にすぎない．

しかしキリストがすでに現れた祝福の大祭司としてこられたとき，手で造られず，この世界に属さない，さらに大きく，完全な幕屋をとおり，かつ，やぎと子牛との血によらず，ご自身の血によって，一度だけ聖所にはいられ，それによって永遠のあがないを全うされたのである．もし，やぎや雄牛の血や雌牛の灰が，汚れた人たちの上にまきかけられて，肉体をきよめ聖別するとすれば，永遠の聖霊によって，ご自身を傷なき者として神にささげられたキリストの血は，なおさら，わたしたちの良心をきよめて死んだわざを取り除き，生ける神に仕える者としないであろ

うか．それだから，キリストは新しい契約の仲保者なのである．それは，彼が初めの契約のもとで犯した罪過をあがなうために死なれた結果，召された者たちが，約束された永遠の国を受け継ぐためにほかならない．

　キリスト教会のシンボルマークは，「十字架である」ということができます．わたしたちの教会の玄関の上の方に十字架のしるしが掲げてありますし，この講壇にも十字架のしるしがあります．十字架は，イエス・キリストの死をあらわすしるしであって，キリスト教信仰の中心的な出来事であることを示しています．私たちにとりましても，死は大変厳粛なものです．先程読んでいただいたヘブル人への手紙 9 章 27 節を見ますと，「そして一度だけ死ぬことと，死んだ後審きを受けることとが人間に定まっているように」と書いてあります．すべての者が死ぬことと，死んだ後神の審きを受けることが定まっているというのです．死においては，神の審きがあるということです．どのような言い訳も通用しない，真に正しい公平な審きがあるということです．死をとおして，自分の生き方を吟味させられます．現在，わたしたちは生きているゆえに死んではいませんけれども，愛する家族，親しい友，指導を受けた恩師の死をとおして，自分の死に方，生き方が深く考えさせられます．

　イエスの死は，すべての人に，神の前に立つということを最も根源的なしかたで問いかけます．多くの方々にとりイエスの死は，たびたび聞かれたことです．イエスの死について，福音書から要点をお話しします．福音書は四つあり，イエスが地上の 30 数年の生涯のなかで 99% である 3 年間の公生涯に限って書いています．

　幼児の頃は，マタイとルカに少しだけで出ているだけであり，大部分は 3 年間の公生涯のことについて書いています．そして，その中で，イエスが十字架にかかって死ぬ前の一週間に，多くのページを割いています．ある福音書は半分，また，ある福音書は三分の一，そして，またある福音書は四分の一です．最も大きい部分をさいているのは，ヨハネに

よる福音書です. 21 章の中で 10 章にわたり, イエスの十字架の死の一週間前のことが書かれています. 非常に克明に毎日の出来事を伝えています. ですから福音書は, イエスの死に至る受難物語が中心であるということができます. キリスト教会, キリスト教の信仰は, イエス・キリストの死と復活を切り離して考えられません. それが中心として告白されています.

イエスの最後の一週間の十字架にかかる前の行動について, 要点をたどってみます. その週の初めの日曜日にイエスはロバに乗りまして, 民衆のホサナ, ホサナという歓迎を受け, エルサレムに入られました. しかし, その週の木曜日, 十二人の弟子たちと (今日, 聖餐式にあずかろうとしておりますが) 最後の晩餐をなさいました. 十二人の使徒がいたのですが, その内の一人イスカリオテのユダは, イエスを裏切り銀 30 枚でイエスを引き渡す手引きの計画に関わっていました.

イエスは, それをご存じでした. そのときのイエスの気持ちを, 福音書の記者は詩篇 55 篇, あるいは 41 篇を引用いたしまして, このように語っています. 「敵にののしられても, しのぶことはできる. しかし, 親しい友, 優しく語り合ったあなた, 一緒に神の宮に立ったところの君の裏切りの悲しみというものは, どんなものであるか」とイエスの気持ちをうたっています. イスカリオテのユダが, 十二使徒の一人としてイエスの信頼を得ながら, なぜイエスに対して裏切りの行為をしたのか. 聖書はサタンがその心に入ったと記しています. 人の心の暗黒さの本当の原因は, 人間の眼には隠されているのですが, 神のなさる業としてイエスは受けとめられました.

最後の晩餐の席から, イエスはゲツセマネという, いつもの祈りの場所に行かれました. そして血の汗を滴らせながら, 神に向かって苦しい祈りをささげられました. 「この杯を呑まないですむことができれば, わたしから取り去ってください. しかし, あなたのみ心をなしてください」. これが, イエスがくり返して祈られた父なる神に対する祈りでした.

　弟子たちは眠っていました．イエスは，全く孤独でした．やがて，その場所を熟知していたイスカリオテのユダに手引きされ兵隊がやってきました．ユダがイエスに接吻したことを合図に，イエスは捕らえられました．金曜日の早暁，真夜中の三時頃でした．弟子たちはイエスを捨てて逃げ去って行きました．イスカリオテのユダは，イエスを売ったことを後悔して自殺を遂げました．

　イエスに対する裁判は，全く異例でした．裁判は，真夜中の金曜日，すなわち朝早く，まだ暗いうちに召集されたユダヤ議会においてなされました．ユダヤ議会は，イエスを，神を汚す者，自分は神の子であると公に言っている者として，死刑を決定しました．

　ローマの総督ピラトに送られたイエスは，また裁判を受けたのですが，ピラトはイエスの罪を認めませんでした．ローマの法律に照らして，イエスに犯罪があることを認めなかったのですが，大祭司たちに煽動された群衆を恐れ，自分の身を守るために処刑を許可しました．

　心の悪しき人，サタンに用いられる人は，あまり多くはないと思います．ですけれども，人々は自分の思惑から，イエスは罪がないと知りながらイエスの処刑に賛成し，イエスを愛しておりながらイエスを捨て，そしてイエスは全く人間の交わりから絶たれ孤独で十字架を負ってゴルゴダの道を歩みました．そこで，イエスは鞭うたれました．嘲笑されました．茨の冠をかぶせられました．十字架上で，言い尽くすことができない苦しみを味わわれましたが，イエスは遺棄を許されました．隣の同じ犯罪人の救いを全うされました．

　そして午後三時頃，その霊を神に委ねられました．その日のうちにイエスの遺体は，アリマタヤのヨセフの墓に葬られました．イエスの死を見た兵隊たちは，まことに，この人は神の子であると告白しました．

　わたしたちは，この物語をよく知っています．くり返し聞くときに，それは遠い昔に起こった一つのドラマとして見ています．そこでは，涙する者は誰もいません．心を痛める者もいません．イエスがどんなに苦

しめられたかという福音書の話を聞く時，私たちは冷静に聞いているだけです．しかしイエスの死の，あるいは死に至る状況を考える時，イエスご自身が言った言葉があります．イエスがこれほどの苦しみを受けられた時，「まことに痛ましい，まことに気の毒だという同情の涙をもって，イエスの死を泣くことではない」とイエスは言っています．

それでは，私たちは何に対して涙を流すのでしょうか．それは，このようなイエスの死を神に決意させ，イエスが死なれたあなたがた自身の罪に対して泣きなさい．これが，イエスが私たちに命ぜられる涙です．しかし，ここには重大な問題が示されています．イエス・キリストの十字架の死をみて深く悲しむならば，イエスが身代わりとして負ってくださった自分の罪の深さに泣けということです．すなわち，ここではイエスの死の意味が問われています．復活と違い，多くの人々はイエスが死んだという事実を疑うことはないでしょう．死は，みな経験することですから．復活は誰も経験することはないですが，病院で死ぬのであれ，自宅で死ぬのであれ，絞首刑で死ぬのであれ，どういう死に方をするのであれ，誰もが死ぬことですからイエスが死んだことについて疑う人はいません．

福音書がイエスの死に注目していることは，このような極限の状況におかれた場合においても，イエスには罪がなかったということです．聖書において人間の死は，年齢からくる老化の果てとしての自然現象ではありません．死は，罪に対する神の審きです．ですから，誰でも死を受ける理由をもっています．なぜならば，神の前に義人は一人もいないからです．みな，死ぬ理由をもっています．しかし，イエスの死は，罪なくしての死でした．しかも，非常に残酷なむごい死でした．極悪人には，相応しいと考えられるような，それ以上の残酷な死刑の執行でしたけれども，イエスは罪なくして死なれたのです．

ここに問題があります．わたしたちの死は自分の罪の結果なのですが，イエスは罪のないお方だったのです．それなのに，このような死を遂げ

られたのは何であったのでしょうか．これが私たちの救い，キリスト教の福音の中心です．そして聖書がこたえるのは，イエスの死はすべての人の罪の身代わりの贖いであったということです．イエスの死は，すべての人の罪の身代わりの贖いの犠牲の死であったということです．

　イエスの犠牲の死の意味は，新約聖書においては，いろいろな例をもって説明しています．たとえば，イエスが十字架にかかったときは過ぎ越しの祭の日でした．今日は詳しくお話ししませんけれども，それでイエスの犠牲は過ぎ越しの小羊の死であるという説明がなされています．

　また旧約の儀式の中で行われる罪祭，罪を犯したときに動物をささげて罪の贖いをして赦しを乞う罪祭の意味をもっていると説明するところがあります．しかし根本には，先ほど読んでいただきましたヘブル書9章21節，22節「血を流すことなしには罪の赦しはありえない」ということです．そういう前提で，過ぎ越しの小羊として，あるいは罪祭にささげられる動物としてイエスの死は意味しています．

　先ほど読んでいただきましたヘブル書9章は，非常に深い意味をもった聖句です．そこでは，イエスの死が，贖罪日というユダヤの祭り，儀式がありますが，贖罪日における罪の贖いの全き成就であったという観点で詳しく書いています．贖罪日における罪の贖いというのは，これも読んでいただきましたが，レビ記16章に書いてあります．年に一回，7月10日，これはユダヤ暦の7月でありますが，その日に大祭司が，年に一回行う非常に重大な儀式です．それは贖罪の日の儀式です．エルサレム神殿での動物の犠牲の礼拝の細かいことは，なかなかわかりません．日本の皇室神道の内部儀式も，なかなか詳細がわからないのですけれども，ユダヤの神殿の中での動物犠牲をささげるやり方も，なかなか難しいものがあります．殊に，日本の宗教においては，動物を犠牲にしてその血を注いで罪の赦しを願うという宗教はないのです．そういうこともありまして，旧約聖書のレビ記を中心に書いている動物犠牲というものは，重い意味があります．そこでは，大きな牛，羊，小さいものであれば鳥，

そういうものが殺され血が流されて犠牲がささげられます．祭司がする
のを見ます．それが行われるときに自分の犯した罪の重さとその償いが
どんなに大変なものかということを，ユダヤの人たちは身に染みてわかっ
たのです．神社に行って水で口を注いで手を洗って柏手を打ってという
礼拝とは，全く違う重い意味をもった礼拝です．ですから，なかなか理
解がしにくいのです．

　エルサレムの神殿には，神が住んでいる至聖所がありました．ヘブル
書9章の最初のほうに，エルサレム神殿での毎日の礼拝のことが少し書
いてあります．祭司は，聖所に入って，毎日，礼拝をします．聖所と至
聖所という二つのセクションがあり，垂れ幕で分けられています．聖所
は祭司が毎日，入るところです．そこで何をするかと言いますと，神の
臨在の場所である至聖所に近いところで香の煙が絶えないように焚きま
す．香ばしい香の香りを絶やさないようにします．それから，燭台の灯
りがあります．蠟燭の火がついています．その火を絶やさないようにし
ます．そして神に供えるパンの机があります．時間がきますと，パンを
取り換えます．腐ってしまうからです．祭司が毎日する務めです．しか
し祭司は，十戒の板が入っている契約の箱があって，神の臨在を表す至
聖所に入ることはできないのです．軽々しく入ったアロンの二人の子ど
もたちは，立ちどころに死んでしまいました．罪の汚れをもったまま，
神の前に立ったからです．

　至聖所に年に一回だけ入ることができるのは，唯一人，大祭司だけで
す．普通の祭司は入れないのです．大祭司が年に一度だけ，自分と民の
罪の犠牲をささげて入り，犠牲の血を贖罪所の契約の箱の上に塗ります．
そうすることによって神の怒りを沈めます．それが贖罪の日の儀式です．
特別な儀式です．罪の赦しのための犠牲の儀式が，聖所で毎日，行われ
ます．そして，そうした公の場所でなくても，自分が犯した罪は，時々，
罪の犠牲がささげられます．また個人ではない，イスラエル全体に関わ
る罪を，祭司は，毎日神の前に赦しを希っています．しかし，それで

は罪の贖いには不十分なのです．ですから年に一回，特別な衣服を纏ま
して，特別に身を清める罪の贖いを求めるのです．贖罪の日の儀式とい
うのは，罪の赦しに関するクライマックスです．そのとき，民はどうし
ているのでしょうか．大祭司が至聖所に入っている時，民はそばで遊ん
でいるというわけにはいきません．民は断食をして待っています．そし
て，至聖所の幕から大祭司が生きて帰って来るかどうかを固唾を飲んで
待っています．

　もしも罪の贖いを神が受けいれてくださらないのならば，大祭司は，
その場で立ちどころに死んでしまいます．二度と垂れ幕の中から帰って
くることはありません．ということであれば，イスラエルは神の赦しを
受けていないということなのです．しかし，大祭司が贖いを終えて垂れ
幕をかき分けて出てくるとき，神が罪の赦しの犠牲を受けいれてくだ
さったということを知るのです．これが，旧約時代における最大の罪の
贖いの儀式です．

　しかし，ヘブル書の記者は，それでも限界があると言っています．第
一に，大祭司は完全な大祭司ではありません．自分の罪の贖いもしなけ
ればなりません．自分の罪の贖いをしてからでなければ，至聖所に入る
ことができません．完全な犠牲ではありません．これは，単なる動物の
犠牲にすぎないのです．したがって，完全な罪の赦しではありません．
ただ外面的なものにすぎません．ですから毎年，くり返さなければなら
ないのです．これには限界があります．

　しかし，イエス・キリストは，（9章11節から12節に書いてある）
手で造ったのではない完全な幕屋，この世のものではない天にある聖所，
すなわち，神がいるところ，そこで，完全な大祭司として動物の血では
なく，十字架においてささげられた犠牲の血をささげ永遠の贖いをなさ
いました．これが，イエス・キリストの罪の贖いを説明するヘブル人へ
の手紙9章の主旨です．

　完璧に罪を贖ってくださいました．地上のどんな広壮な神殿とも違う，

　天にある人の手では作られない，まことの神がいる至聖所において，幕屋において，全く罪のない神であり，人である完全な大祭司としてのキリストは，ご自身が十字架上で流された犠牲の血を持ち，一度だけ永遠の贖いをなさいました．完全な罪の赦しを得てくださいました．旧約における贖罪日の儀式が成就しました．これが，ここで説かれる福音です．

　イエス・キリストの十字架は，自己犠牲という，社会でも尊ばれる道徳の模範として，私たちもしなければならないという想いを人たちに起こさせると考えるという人たちがいます．間違いではありません．私たちはイエスがしたように，私たちも隣人のために，敵のために，すべてをささげなければなりません．しかし，それだけではありません．イエスの死の本当の意味は，私たちの罪の身代わりとして神の審きを受けてくださったということです．そして赦しを勝ち取ってくださったということです．

　こうして，イエス・キリストは旧い契約を完成なしたまいました．新しい契約の仲保者となられました．ぶどう酒に示される杯は，イエスが流された契約の血です．イエス・キリストにおいて，神の前に完全に罪赦された喜びを味わうことができます．これは自分の罪に目覚めた人間の魂において，勝るものがない喜びです．イエス・キリストにおいて私の罪が赦されました．もう二度と動物をささげて，神殿に入る儀式をくり返すことはありません．ただ一度だけ，イエス・キリストが天の聖所に入られたからです．

　ご自身の血を携えこれを記念するようにと，イエスは聖餐式を制定してくださいました．これは罪赦された者が，味わうことができる喜びの食事です．わたしたちは，イエス・キリストの死の意味を深く覚えながら，聖餐式にあずかることにおいて，私たちに与えられる祝福，イエス・キリストの赦しの恵みを感謝して，私たちの心に喜びを与えられたいと願うものです．

お祈りをして聖餐式にあずかります.

恵み深い天の父なる神さま,

自らは義人のごとくふるまい,

罪を意識することもなく過ごしておりました.

私たちに, み言葉をとおして神さまの律法の前に立たせ,

聖なるご臨在の前に立たせることにおいて,

私たちがどんなにか罪に汚れた者であるかということを教えてくださり,

悔い改めの心を与えるとともに,

イエス・キリストにある赦しの恵みを備えてくださる恵みを

心から感謝し奉ります.

神さま, そうした喜びをもって信仰生活を始めましても,

私たちは長い信仰生活の中で,

しばしばキリストが私たちに与えてくださる大きな祝福についての

感謝と喜びを忘れがちでございます.

どうぞ私たちを赦してください.

神さま, 今, こうしてみ言葉を通し, また聖餐式を通しまして,

神さまがわたしたちにくり返し与えてくださいまする

赦しの大きな恵みと命の祝福を

心からなる信仰をもって受けいれ,

新しい人間として主の前に立つ歩みを始めることができますように,

導きを与えてください.

聖餐式の上に, 主が臨在してくださって,

ご自身の肉と血によるところの祝福を我らに供えてくださいますように

お願いを申し上げます.

愛しまつる主のみ名によってこの祈りを聞きあげてください.

アーメン

1993 年 11 月 14 日 (70 歳)

11 キリストを信じる理由

テモテへの手紙一 1 章 1-17 節

わたしたちの救い主である神とわたしたちの希望であるキリスト・イエスによって任命され，キリスト・イエスの使徒となったパウロから，信仰によるまことの子テモテへ．父である神とわたしたちの主キリスト・イエスからの恵み，憐れみ，そして平和があるように．

マケドニア州に出発するときに頼んでおいたように，あなたはエフェソにとどまって，ある人々に命じなさい．異なる教えを説いたり，作り話や切りのない系図に心を奪われたりしないようにと．このような作り話や系図は，信仰による神の救いの計画を実現よりも，むしろ無意味な詮索を引き起こします．わたしのこの命令は，清い心と正しい良心と純真な信仰とから生じる愛を目指すものです．ある人々はこれらのものからそれて，無益な議論の中に迷い込みました．彼らは，自分の言っていることも主張している事柄についても理解していないのに，律法の教師でありたいと思っています．

しかし，わたしたちは，律法は正しく用いるならば良いものであることを知っています．すなわち，次のことを知って用いれば良いものです．律法は，正しい者のために与えられているのではなく，不法な者や不従順な者，不信心な者や罪を犯す者，神を畏れぬ者や俗悪な者，父を殺す者や母を殺す者，人を殺す者，みだらな行いをする者，男色をする者，誘拐する者，偽りを言う者，偽証する者のために与えられ，そのほか，健全な教えに反することがあれば，そのために与えられているのです．今述べたことは，祝福に満ちた神の栄光の福音に一致しており，わたしはその福音をゆだねられています．

わたしを強くしてくださった，わたしたちの主キリスト・イエスに感謝しています．この方が，わたしを忠実な者と見なして務めに就かせてくださったからです．以前，わたしは神を冒瀆する者，迫害する者，暴力を振るう者でした．しかし，信じていないとき知らずに行ったことな

ので, 憐れみを受けました. そして, わたしたちの主の恵みが, キリスト・イエスによる信仰と愛と共に, あふれるほど与えられました.「キリスト・イエスは, 罪人を救うために世に来られた」という言葉は真実であり, そのまま受け入れるに値します. わたしは, その罪人の中で最たる者です. しかし, わたしが憐れみを受けたのは, キリスト・イエスがまずそのわたしに限りない忍耐をお示しになり, わたしがこの方を信じて永遠の命を得ようとしている人々の手本となるためでした. 永遠の王, 不滅で目に見えない唯一の神に, 誉れと栄光が世々限りなくありますように, アーメン.

　一年ぶりにここに立つわけでありますけれども, 一年前とは, いろいろなことが違っています. 私は前牧師ですので, 教会のお招きがなければ, ここにいないということになります. 教会からお招きをいただきまして, 今, それにお応えをしようと立っているわけです.
　昨年一年間を考えますと, いろいろな出来事がありました. その中にはもちろん, 喜ばしいこともたくさんあったのですけれども, 大変印象深くしていることが三つほどございます. 一つは, 私の親戚, 友人, 知人で, この世を去った者が非常に多かったことです. 数えますと約30人ほどです. そのうちの半分くらいは, 私と同年かそれ以下です. そういうことを考えますと, 死について深く思わせられました. それから私たち夫婦のことですが, 生まれて初めてと申しますか, 手術をして入院をしました. そんなに難しい手術ではないと言われましたが, 私たちにとりましては難しいことでした. そこでも, 命について思わせられました. それから, 今年は敗戦後50年ということでして, いろいろなことが考えられます. 戦争中に命を落としたり, 戦死した友人のことなどを改めて考えるわけです. こうした危機的意識の中で, 私自身が生かされてきたこと, 生きてきたことの意味, またその責任, 負い目について考えてきました.
　人生の意味を考えるときには, 宗教的になります. 人生の意味を考えないで生きることはできるのですけれども, ひとたび, それに目覚めて

自分の生き方を考えるときには，必ず宗教的になります．宗教的と申しますのは，キリストとの関係についてです．私が考えてきたテーマの一つは，そこにかかげましたように，『なぜキリストを信じているのか』という問題です．

日本には数多くの宗教がありますが，なぜキリスト教を信じるのか．キリスト教というよりは，なぜイエス・キリストを信じるのか．これは私たち一人ひとりに迫られる問題です．クリスチャンとして生活するとき，必ずしもよいことばかりではございません．信仰生活をおくっている教会では，弱さが目につきます．信仰生活が重荷になっているのに，なぜ私たちはクリスチャンでありつづけるのでしょうか．

イエス・キリストを信じることは，私の人生，生き方の根源となるものです．これをあいまいにして生活を送るなら，信仰的，霊的に申しまして，惰性的な生き方になってしまうだろうと思います．そして私たちの霊的な生命は，枯れてしまうでしょう．そういう危険がそこにあります．今日は，自分の生き方，すべてのクリスチャンの生き方の根本に，単刀直入に切り込んでいきたいと思っています．単刀直入といいましたのは，わたしには，そう長く時間が許されていないと思うからです．

今日選んだテキストは，テモテへの手紙一1章15節です．「『キリスト・イエスは，罪人を救うために世に来られた』という言葉は真実であり，そのまま受けいれるに値します．わたしは，その罪人の中で最たる者です」．私たちが慣れ親しんだ聖書では，「罪人のかしらであります」と書かれています．ここでは「罪人の中で最たるものです」となっています．このテモテの手紙は，パウロが晩年に書いた手紙です．最初にありますように，自分の弟子である，信仰によるまことの子テモテに宛てた手紙です．

そこで語っていることはいろいろありますが，根本的には，信仰の戦いをしっかりしなさいということです．信仰の戦いのために，教会の長老や執事をしっかり選びなさいと言っています．すなわち，教会のやり方

やあり方は，信仰の戦いという霊的な目的のために使われなければなら
ないということです．そのために，教会は整えられなければなりません．
これが，牧会書簡といわれるように，テモテに対してパウロが伝えてい
ることです．

　パウロの伝道者としての生涯は，非常に激しいものでした．使徒行伝，
その他のパウロ書簡をみますと，どんなに激しく迫害をされたのか，ど
んな戦いをしたのかということがわかります．パウロはイエス・キリス
トを信じて歩み続けました．キリスト教を捨ててもいいのではないかと
いう想いがあったかもしれません．キリストを信じるがゆえに受けるさ
まざまな困難にも耐えて，最後までイエス・キリストに従い続けたパウ
ロの生涯の基本的な事柄について語っています．

　今日は，その中から三つのことを話したいと思います．一つは罪につ
いてです．自分は，そのかしらであると言っています．二番めは，救い
についてです．イエス・キリストがこの世に来られたのは，罪人を罪か
ら救うためであるということです．三番めは，この言葉は確実で受けい
れるにたるというパウロの確信です．

　罪について，救いについて，救いの確信についてと並べてまいります
と，皆さんがよくお聞きになると思いますが，『ハイデルベルク信仰問
答』はだいたい，この順序に従って並べられているのがわかります．罪
とキリストと救われた者の生活についてです．これは，キリスト教を考
える時の一番基本的な枠組みになります．まず罪人であるということで
す．この言葉は，教会でよく聞かれますけれども，実は罪人であること
を私たちが理解するしかたは，人によって非常に異なります．

　これは救いという言葉についても同様です．あるいは，別な言葉でい
えば，愛ということばについても同様です．あるいは神という概念につ
いても，同じことが言えると思います．神，神の愛，罪，あるいは救い
ということを言いますけれども，それは何ですかと問いますと一人ひと
り違うところがあります．もちろん，似ているところもあります．です

から，厳密に，明確に語らなければならないのです．

　聖書において罪という場合，それは神の律法を守っていないということです．刑を犯して犯罪をおかすということだけではありません．ここでは唯一の正しい神を信じなければならないということです．人間の道徳についていうとき，神の意思を表した律法を知らなければなりません．先程，ご一緒に十戒を告白しましたけれども，これは神が与えた律法です．そういう認識がないと，罪ということが，やはり理解しにくいのです．

　パウロは，パリサイ人でした．パリサイ人は，神の律法を体面的に守ることに非常に熱心でした．神の律法を守ることに熱心でした．パリサイ人は，どうしたら神の律法を守れるかということで，律法の守り方の細則を作りました．たとえば「安息日を守る」は，十戒にある神の意思です．どうしたら安息日を守れるのか．そのためにパリサイ人は，いろいろな規則をつくりました．これ以上歩いてはいけない．こういう仕事をしてはいけない．それをパウロは，非常によく守った人でした．しかしイエスは，パリサイ人は偽善者であるといいました．外面的によく整えられた生活をしていましたが，その心が罪に汚れているから偽善者だと言ったのです．パウロは，パリサイ人の中のパリサイ人でした．そのような道徳を非常に熱心に追及した人でした．

　今の日本社会と比べてみると，非常に大きな違いがあります．日本社会では，道徳の外面的なことがどんどん崩されています．心で信じていればよろしい．心で感謝していればよろしいと言いながら，実は，その心も崩れてしまっています．形がなくなっています．形はあっても，心がないという状況があります．一番いいのは，形もあり心もあることです．しかし心がなくなり，形もなくなっています．こういうのが今の日本の状況だろうと思います．ですから罪の意識をもつことが，非常に難しいのです．パウロは自分のことを罪人のかしらであるといっています．これは最も深い悔い改めの心から出る言葉です．ことばだけでは，恰好が悪いということであるかもしれませんが，パウロは罪人のかしらであ

ると言っています.

　パウロはこの言葉の少し前に，迫害者であったことにふれています.
ですから，罪人のかしらであるというパウロの言葉には，キリストを知
る以前には，神のために自分は非常に熱心であった. そのために教会を
滅ぼさなければならない. そういう観点から，彼がした迫害のことを考
えていたかもしれません. パウロは，非常に純粋でした. 良いことを熱
心に追及していました. 神を喜ばせることだと思っていたのです. それ
で教会を迫害しました. しかし，それはパウロの大きな罪だったのです.
そして，パウロは罪を教えられて，自覚したのです. しかし，パウロは
ここで過去のことだけを言っているのではありません. 「今も」と現在
形で述べていますが，パウロは，昔，罪を犯したから罪人のかしらだと
言っているだけではなく，今も，自分の心を顧みて罪人のかしらだといっ
ています. 「イエス・キリストは，罪人を救うためにこの世に来られた」.
これが括弧の中に入っている言葉です. これはおそらく初代教会で，一
つの定型句として言われたことばではないかと思います.

　同じような趣旨の言葉は，福音書の中でイエスが言われた中に見出さ
れます. 「わたしが世にきたのは，罪人を救うためである」という箇所
に見ることができます. 「救い」の正しい意味と，「罪」の認識のしかた
とは相互に関係しています. 教会史全体を通じて思うことは，「罪」に
ついて，したがって「救い」について，二つの間違った方向があるとい
うことです.

　一つは，罪を神に対する無知と考えることです. 神に対する無知です.
神のことを知らない. ですから救いは，神に対する無知から救われるこ
とだ. 神の知恵を得ることだ. キリストはロゴスであり，キリストは知
恵であり，キリストは教師なのだという考えです. 初代教会にグノーシ
スという異端がありますが，これが，その際たるものです. 神について，
我々は何も知らないのです.

　第二の傾向は，罪を私たちの惨めな状態と考えることです. そして罪

から救われることは，私たちを惨めな状態から救い出して幸いな状態に
するということです．そして，この幸いを，現世ではなく来世に向ける
のです．幸いな状態は死んだ後の状態にあると考えます．これは「千年
王国論」という教理になってきます．また，いやそうではない．この世
において，私たちはこの悲惨な状態から救われなければならないと考え
ますと，それは「社会的福音」ということになると思うのです．これは
ある意味では間違いではありません．イエス・キリストは，預言者とし
て神の言葉を教え，王として私たちを悲惨の中から救ってくださいます．

　ですが，もう一つ，イエス・キリストの救いの業においては，非常に
大切なことがあります．それは，祭司としての務めです．それは罪から
の救いということです．この定型句は，「キリストは罪の贖いのために，
私の身代わりの犠牲として十字架で死んでくださった．これを信ずるこ
とで救われます」という意味です．これは真実であり，受けいれるにた
るものであると言っています．ヨハネによる福音書 3 章 16 節，「神はそ
の独り子をたもうほどに世を愛してくださった」と調子が似ています．
「キリストは罪人を救うために世に来た」．これは，パウロが自分で作り
出した句というよりは，教会で代々言われてきたものを引用したのだろ
うと思います．この言葉は真実であり，受けいれるにたるものであると
言えるのは，パウロの救いの経験と結びついていると思うからです．

　救いの経験は，非常に多様でありまして，人によって違います．パウ
ロの場合，罪の自覚に悩まされて戦ったということが，ほとんどなかっ
たと考えられます．キリスト者になる前，ひたすらにパリサイ人の道を
歩んでいました．パウロは，パリサイ人の中のパリサイ人でした．神の
義については落ち度のない人でした．一所懸命，パリサイ人として歩ん
でいました．しかし，ダマスコに行く途中，イエス・キリストが現れま
した．彼は罪を教えられ，悔い改めました．そして，イエス・キリスト
に赦されたのです．それがパウロの救いの経験です．心に平安がありま
した．キリストに敵対し，それが神に喜ばれる道であると一所懸命にやっ

てきたことが，最も大きな罪であることをイエスに教えられて，新しく
キリスト者として生まれ変わったのです．それがパウロの救いの経験で
す．

　ルターは，違う経験をしています．ルターは，キリスト者でしたが，
修道院の中で罪の自覚に非常に悩まされた人です．罪と戦った人です．
そして苦闘した末に，信仰によって罪が赦されるという救いの教理に到
達したのです．

　いろいろ違うのです．一人ひとり違うと思います．いろいろ経験が違
いますけれども，共通していることがあります．イエス・キリストを信
じることで，イエス・キリストの十字架の贖いは，わたしの罪の贖いで
あって，イエス・キリストを信じることによって救われるということが
共通しています．

　ですけれども，このことが，キリスト教を信じるときに，一番難しい
ことだと思います．この中にキリスト教を，あるいは聖書を一所懸命求
めている方がおられると思います．その方々にとっての躓きは，私たち
にとっての躓きであったのです．それは，イエス・キリストの十字架の
死は，私たちの罪の身代わりであったということです．それを信じるこ
とがキリスト教なのですけれども．これが実は考えられないことなので
す．

　ナザレのイエスは，今から 2000 年ほど前に，ローマの法律により，
またユダヤの律法により犯罪人とされて十字架につけられた一人のユダ
ヤ人です．そのユダヤ人の死が，私の罪の身代わりであると考えられま
すか．これが，キリスト教という宗教の一番の根本問題です．人々の犠
牲のために死んだ人はたくさんいます．そのうちのある人たちは，私の
代わりに死んでくれたと言う人がいるかもしれません．しかし，世界の
万民のために，2000 年前に，私たちが見たこともない一人のユダヤ人
が十字架にかかって死んだ．それが私の罪の犠牲だったというのです．
常識では，これは考えられないことです．それが信仰できれば，キリス

ト教は，一番理解できます．そして聖書を，最もよく理解できます．そ
れがわからなければ，いくら聖書を読んでも，本当のところはよくわか
らないのです．

　2000 年前，一人のユダヤ人が犯罪者として死刑されたことが，なぜ
私たちの身代わりの死であったのでしょうか．聖書はこう説明します．
それは，イエスは，普通の人でなかった．イエスは，神そのものだった．
それで，すべてが関係づくのだと言っています．このことから，イエス・
キリストは神であること，イエス・キリストが十字架で亡くなられたの
は私たちの罪の身代わりであるという犠牲と贖罪の業が結びついていま
す．

　それでもなお，どのようにしたら，イエス・キリストが神の子である
ということ，神の子である方が十字架にかかったこと，それが私たちの
罪の身代わりであったということ，これを私たちが信じられるのでしょ
うか．それは，このことを信じるときに，神の霊である聖霊が，イエス・
キリストが 2000 年前に成し遂げられた十字架の恵みを，現在の私のと
ころに注いでくださるからです．これが私たちの救いの経験です．そう
なしてくださるのは聖霊です．そのときに私たちは，罪の赦しの喜びが
心にあふれるのです．パウロもそのようにして，自分の罪の赦しを喜び
ました．救われたことを喜びましたから，この言葉は受けいれるにたる
ことであると言ったのです．聖霊は，そういう方です．2000 年の時間
を超えて，永遠を生きる方として，私たちの心にキリストの恵みを伝え
ます．

　それを信じた時，私たちは喜びます．赦しを感じます．それが私たち
の救いの経験です．それが私たちの人生の土台です．キリストを信じる
ことで得をするか損をするかと，時々聞かれます．長年伝道していて，
牧師になってよかったと思いますかと聞かれます．良かったのか悪かっ
たのか，よくわかりません．ですけれども，そのように歩ませられたの
です．キリストを信じる方が得だから，キリストを信じたのではありま

せん．キリストを信ぜざるをえなかったのです．なぜかというと，イエス・キリストが私を救ってくださったからです．この救いの経験の喜びを大切にしたいと思います．

　救いの経験のことを申し上げますと，別のときには教理と言っていたではないかという人がいるかもしれません．教理は大切です．福音は教理です．「イエス・キリストは，罪人を救うために世に来てくださった」というのは教理です．福音の教理です．これを信じることが一番の根本です．赦しと救いと罪人のかしらということは，私たちが経験することです．聖書に，そのように書いてあります．確かなことです．私たちが，それを味わいます．そのことが大切なのです．経験を，み言葉より高く上げますと独りよがりの危険が及びますから，私たちはいつも自分の生活経験をみ言葉によって吟味しなければなりません．経験を斟酌するといってもいいでしょう．それは大切なことです．しかし，福音の教理が私たちの心にきざむ経験を無視するならば，その教理は観念的なものとなってしまいます．私たちの生活を生かすものとはならないのです．福音の言葉に生きて，それの喜びと戦いを経験する時，そのような教会が私たちにとって慰めの教会であるといわなければならないと思います．

　なぜ，私は，あなたは，イエス・キリストを信じるのですか．それを私たちがはっきりと答えることができるならば，私たちの生活は非常に確かであります．また，私たちの伝道も力強いと思うのです．まだ，そんな経験はしていないと正直に言う方が，いるかもしれませんが，そうではありません．私たちは信仰告白をし，洗礼を受けクリスチャンとしての歩みを続けます．その中で私たちはイエス・キリストの恵みを深く，得ることができるのです．そこを大切に考えることで，私たちの信仰生活は非常に地に着いたものになり，豊かな実を結ぶのではないかと思います．

　お祈りをいたします．

恵み深い天の父なる神さま，新しい年を迎えまして，

それぞれが希望と祈りをもって一年を歩みはじめましたけれども，

神さま，どうぞこの年の歩みを祝福してくださいまして，

あなたの恵みを本当に感謝し，

あなたのみ言葉を生きる一年としてくださいますように

心からお祈りいたします．

わたしたちは，あなたの前に神の律法を知らず，

神の律法について絶えずこれを犯し，

神に反逆しつづける罪人でありますけれども，

この価値なきものを救わんがためにイエス・キリストがこの世に来りて，

十字架にかかりたまい私たちの罪を贖ってくださいました。

恵みの福音を聞くことを許され，まことに感謝いたします．

そして，またこの福音に生かされ，

日々の生活の戦いの中で，

私たちにはまた救いの喜びが与えられるとともに，

また罪の認識が増し加わるものでございますけれども，

あなたの恩寵はいつも私たちを覆い，

私たちを御前に正しめてくださる恵みを感謝申し上げます．

教会が，またそこに集う一人ひとりがこの年，

自らがキリストによって救われ，赦され，

与えられた平安と喜びを深くかみしめ，

それを大切にしつつ一年を歩むところのものとしてくださるように

お願い申し上げます．

私たちの救い主，

主イエス・キリストのみ名によってお祈りいたします．

アーメン

1995 年 1 月 8 日（71 歳）

12 神の主権と罪の悔い改め

マタイによる福音書3章1–12節

そのころ，洗礼者ヨハネが現れて，ユダヤの荒れ野で宣べ伝え，「悔い改めよ．天の国は近づいた」と言った．これは預言者イザヤによってこう言われている人である．

「荒れ野で叫ぶ者の声がする．
『主の道を整え，
その道筋をまっすぐにせよ．』」

ヨハネは，らくだの毛衣を着，腰に革の帯を締め，いなごと野蜜を食べ物としていた．そこで，エルサレムとユダヤ全土から，またヨルダン川沿いの地方一帯から，人々がヨハネのもとに来て，罪を告白し，ヨルダン川で彼から洗礼を受けた．

ヨハネは，ファリサイ派やサドカイ派の人々が大勢，洗礼を受けに来たのを見て，こう言った．「蝮の子らよ，差し迫った神の怒りを免れると，だれが教えたのか．悔い改めにふさわしい実を結べ．『我々の父はアブラハムだ』などと思ってもみるな．言っておくが，神はこんな石からでも，アブラハムの子たちを造り出すことがおできになる．斧は既に木の根元に置かれている．良い実を結ばない木はみな，切り倒されて火に投げ込まれる．わたしは，悔い改めに導くために，あなたたちに水で洗礼を授けているが，わたしの後から来る方は，わたしよりも優れておられる．わたしは，その履物をお脱がせする値打ちもない．その方は，聖霊と火であなたたちに洗礼をお授けになる．そして，手に箕を持って，脱穀場を隅々まできれいにし，麦を集めて倉に入れ，殻を消えることのない火で焼き払われる．」

久しぶりに懐かしいお顔を拝見してみ言葉を語ることは，大変嬉しいことです．本日は，私たちの教会が創立してから50年を記念しての礼拝ですので，今朝は三つの点に絞ってお話をしたいと思います．

　第一は，感謝ということです．二番めは改革派信仰とよばれるものの
本質と申しますか，原点についてです．そして三番めは，教会改革の目
標について，めざすところのものについて，御一緒にみ言葉から学びた
いと思います．

　創立50年を迎えまして，神に感謝をささげる．これは，信仰の第一
の務めです．いったい，神に何を感謝するのか．そして，また私たちの
教会のどのような弱さを悔い改めるのか．このことを一概に申しますこ
とは，大変難しいことです．さまざまな弱さと罪にもかかわらず，半世
紀の間，この教会が改革派として存続しえたということ自体が，神の大
きな恵みであります．そして神がこの50年の歩みに用いられた方々に
対しても，私たちは心から感謝をささげたいと思います．

　改革派教会はしばしば，すべての栄光は神にある．人には何の栄誉も
ないと言います．その言葉はまことに真実です．しかし，それは，神に
用いられ教会を支え，教会に仕えてきた先輩たちに，感謝をささげない
忘恩の言い訳にしてはいけません．伝え聞いたところによりますと，こ
の教会が改革派教会として創立されたとき，1947年，昭和22年であり
ますけれども，創立メンバーは47名でした．しかし，そのときの会員
総会に出席した者は，22名だったと伝えられています．創立メンバー
の多くの方々は，もうすでに天に帰られました．現在，この教会で，な
お礼拝を共に守っていらっしゃる方は，数えたところ七人の方です．
SaSu さん，SaSe さん，HaMi さん，FuTa さん，同じく So さん，MiKi
さん，そして WaTsu さんです．この方々以外に，現在は，この教会の
会員ではありませんけれども，他教会において熱心な信仰生活をしてい
る方が，これも数えたところ9名でございます．渡辺公平先生，その奥
様のキヨコさま，それから Ta さんと MaSyo さん，栄光教会におられる
Wachi 長老と Ko さん，そして今は山梨の方にいます KaA さん，同じく
山梨にいます KoSu さん，そして白石教会の YaTo さんです．その他にも，
当時，小児会員でありまして，その後成長した方々もたくさんいらっしゃ

るのですが, 創立以来 50 年が経っていますから, そのとき生まれた方も, すでに 50 を越えていることになります.

　わたしが仙台教会にまいりましたのは, 1953 年, 昭和 28 年です. それは創立から 5 年経ったときで, そのときに教会員であった方々は, 50 年近く, この教会の会員として奉仕してくださった方です. この方々は, 準創立メンバーと言えるのではないかと思います. それは INo さん, KaMa さん, SaMo さん, MaTe さん, TaTa さん, そして SyuYa さんです. 現在, 教会から離れていますが, KuHi くん, そして TaChi くん. これらは, 私が教会にまいりましたときに, すでに会員であった方々です.

　1946, 1947 年, 昭和 21, 22 年当時を思い出しますと, 空襲がございまして家財は全部, 消失してしまった時代です. 戦地から帰ってきた人たち, あるいは外地に出かけていて帰国した方々, ほとんど無一物, 衣食住にも事欠いていました. そういう状況の中で, 日本人のほとんどは, 生きる道を求めまして模索していました. それまで生きる拠り所としていたものが全く崩れ去ったときに, 何をもってこれから生くべきかということをみんな考えていました. そして, その中に, キリスト教信仰, 特に改革派信仰によりまして新しく生きようと決意した群れがありました. それが改革派教会の人たちです. これは決してにわか仕立てのものではなく, 戦前からすでに養われていた信仰です. 角田桂嶽, 小林亀太郎, 川島専助, 渡辺公平の諸先生によりまして, 育まれてきたものです.

　私たちは決して, この創立者たちを美化することはしないのです. そこには多くの弱さがありましたし, 多くの罪がありました. しかしながら, 神にひたすら向かう一途な信仰は, 私たちが受け継いでいかなければならない尊い遺産であると思います. それほどまでに心を惹き付けた改革派信仰は, 何であるか. そのことを暫くご一緒に考えたいと思います. 改革派信仰と言いましても, それはキリスト教信仰にプラスアルファを加えたものではありません. それは, キリスト教信仰, そのものです.

　改革派教会も, 歴史の中で時代とともに変わるところがあります. お

そらく創立者の方々が50年後の今の教会の状況をみて，こんなにも変わったか，自分が考えた教会のイメージとはかなり違うとお感じになることがたくさんあると思います．しかし，どんなに変わりましても，改革派教会と言えるためには何をもっていなければならないか，すなわち，現在の言葉で言うならば，改革派教会，改革派信仰のアイデンティティーはどこにあるのかということを，私たちが常に問うていかなければならないのです．

　我々は，それをどこに見出すかと言いますと，聖書です．そしてキリスト教信仰において一番大切なものは，心です．知識はすたれると，パウロが言っています．しかし，愛はいつまでも残ります．どんな神学的知識を誇りましても，御国において神の栄光を直接仰ぐ時，私たちが地上において習得した聖書の知識は，幻のごときものにすぎないのです．

　そこには燦然と輝く神の栄光があります．顔と顔とを合わせて相見えます．そのとき，残るものは愛です．これは，パウロがコリント人への第一の手紙13章で語るところのものです．パウロがいう愛，そして私たちの心とは，どういうものなのでしょうか．もちろん，それはいろいろ言い表すことができると思いますが，今朝，その題に書きましたようにキリストにおいて示された神の主権を認める心です．すなわち神を神として崇める，キリストにおいて啓示された神以外のものを神としない．それが神に対する愛であり，神に対する畏れです．それで人間の信仰の心は，罪の悔い改めという形をとります．聖なる永遠の神にお会いした時，イザヤのごとく，私は，汚れた者，朽ちる汚れた者です．わたしは滅びるのみの者なのです．これが，人間がもつ意志です．この意識なくして，神の前に立つことはできないのです．この意識なくして，イエス・キリストを信じる信仰をもつことはできないのです．バプテスマのヨハネは言いました．神の国は近い，天国は近づいたと言っていますが，同じことです．神の国が近づいたということは，神は来るということです．それがヨハネのメッセージの最初です．神は，来るのです．だから，あ

なたがたは悔い改めなさいです.

　神は，遥か彼方にいて，人間を遠くからご覧になっています.ですか
ら神の目からは，私たちは見えないかもしれないということではありま
せん.神は，来たのです.神は来るのです.神の前に立つとき，私たち
は罪を悔い改めます.そういう姿勢しかありえないのです.斧は，すで
に木の根元に置かれています.「あなたがたの先祖に，アブラハムがあ
ると言うな」「真実に悔い改め，その実を結びなさい」です.キリスト
教信仰の本質は，神に対する畏れです.それは神のみ言葉に対する服従
につながります.そして神のみ言葉に対する服従は，わたしたちに罪の
悔い改めを生じせしめて実を結びます.改革という実を結びます.これ
がキリスト教信仰の本質です.その心です.

　それでは改革派信仰は，どういう特色をもっているのでしょうか.ルー
テル派とかカトリックとか，ギリシャ正教とか，いろいろなキリスト教
の諸伝統がありますけれども，その中で改革派教会，長老教会は，どう
いう特色をもっているかと言いますと，私はこのように思います.それ
は神を畏れる心，人間の罪についての意識を，情緒，心情としてではな
く，教理として神学的に思想的に表していることです.難しくなりまし
たけれども，神を畏れる心，神を信ずる心には，罪の悔い改めが一番の
原点となります.表面だけよくて心が神から遠く離れていて，自分の欲
ばかりを問題にしているということで，イエスはパリサイ人を偽善者と
言われました.その心です.

　神は，万流の油，数千の羊，そういう犠牲を喜びません.神が喜びた
もうのは，悔いくだけた魂です.その心です.その心を私たちは，どの
ようにして表すのでしょうか.一つの思想として,すなわち教理として,
それを表すことに改革派教会の特色があります.選びの教理とか，罪の
全的堕落の教理とか,聖霊の主権の教理とか,それらはみな，これです.
そこに私たちの教会が，教理を尊重する根源があります.しかし，そこ
には誘惑があります.教理は，知的に理解することです.理屈でわかる

ことです．それと最も根本的な信仰の心である神への畏れとは，離れています．これが，教会が陥るべき危機です．それはよく教理と生活の乖離ということばで言い表されます．それが，自覚しなければならないところです．神への畏れと悔い改め，そして，それを神学的な思想として表す方向は，創立宣言で明言されています．

　50年前，日本が新しく敗戦後の出発をするときに，神に対する畏れ，罪の悔い改めが，新しい日本の出発点だということを創立宣言で表しました．50年前でも，現在でも，最も大切なことであると思います．なぜかと言いますと，20世紀という時代は神を殺したからです．今，社会の，あるいは世界のいろいろな状況を見たときに，一番の問題は神に対する畏れがないということです．子どもにとって怖いものは何もない．もちろん神は怖くない．親も怖くない．先生も怖くない．そういう時代です．今，日本と世界のさまざまな出来事の根底にあるのは，そのような神を畏れない信仰です．ですから改革派教会，キリスト教は，その点に深い想いをしていかなければならないと思います．悔い改め，その実としてのみ言葉による改革，それは自己改革です．人の改革ではありません．自分の改革です．そして，それはまた自己否定です．それは痛みを伴います．痛みを伴わない改革はありません．

　神は石ころからでも神の民を起こしました．無よりすべてを創造し，死よりキリストを復活させたという信仰が，自己改革，教会改革をなさしむる信仰です．私たちはなぜ，それほどまでの思いをもって，ときには自らと世の流れに抗してまで，み言葉による改革をするのでしょうか．世間と歩調を合わせて生活を安楽に暮らす道ではなくて，ときにはそれに反対しつつ，ときには迫害を受けつつ，み言葉による改革をする必要があるのでしょうか．そのめざすところはなんなのでしょうか．その目標は，この世のものではありません．この世で大きくなる．この世で力をもち，この世で富むこと，この世のさまざまな出来事に抵抗しうる力をもつこと，そういうことではないのです．私たちがめざすところは，

永遠の神の国です．それはヘブライ人の手紙にありますように，天のふ
るさとです．そこをめざしています．クリスチャンは天国をめざす旅人
です．教会は天国に至る途上の教会です．ヨハネが預言しましたように，
またイエス・キリストが宣教されたように神の国は実現しました．

　イエス・キリストの死と復活において，神の国は成就しました．イエ
スがもう一度来られるとき，すなわち再臨のとき，万人の目に見える時
があります．しかし，現在は信仰の眼によってしか見えません．イエス
が来りて，十字架にかかり復活しました．神の国は，成就しました．そ
う説かれるにかかわらず，この社会は，少しも変わっていません．何一
つ変わっていません．

　教会は設立しました．しかし，この世を支配しているものは教会では
ありません．この世の支配者です．何も変わってないのです．しかし，
変わったと，すなわち，そこに神の国が成就したと見えるのは，信仰です．
ですから再臨の前に，神の国に召される者たちは，信仰によってキリス
トのみもとに行くのです．それはだんだん年をとり天国が近いと思って
いるときに，まわりの者たちがどんどん召されていきますと，こんどは
私かなと思いますときに，めざしているのは天の故郷です．そこから出
てきたということです．わたしたちは召天という言葉を使いますけれど
も，この間カトリック教会の葬式に参列しました．親戚の者がカトリッ
ク信者でして，司祭が使った言葉は，“帰天”ということばでした．“帰
天”というのは何かと思ったのですが，天から出てきたのだから，天に
帰る．そういうことを言ったのです．それが私たちの希望です．この人
生，70 年，80 年，あるいは短く，長く，一生を顧みまして，よかった
と思う人もありますでしょうし，何事か成し得たと感謝する人もありま
すでしょうし，自分は何もしなかったと思う人があるいはあるかもしれ
ません．

　しかし，わたしたちの人生はこの世では終わりません．わたしたちが
召されているところにおいて，わたしたちの人生は完成します．それが

わたしたちのキリストにあるところの希望です。それは聖書によって教えられています。しかし、この信仰をみ言葉によって保ち続けることは、弱い私たちにとっては非常に難しいことです。現実には、この世を支配しているのは闇の力です。その中で私たちがめざしているのは天国です。これは少数です。聖書でそう教えられていても、それをもち続けていくことは、大変なことです。よくも50年信仰をもってきた。そういうふうに、みなさんお考えになるでしょう。それは神の恵みですと言うに違いないです。しかし、神は弱い信仰を励ますために、この世で神の国の前味を味わわせてくださいます。それが教会です。

　イエスはヨハネによる福音書14章で「わたしは、これからあなたがたを迎えるために、場所を用意しにいく」「そこには家がたくさんある」「わたしは道であり、命である」と言いました。それを信じるために、その信仰をもち続けることができるために、神は味見をするものの保証として教会を与えてくださっています。ですから、教会を改革することの目標は、この時代のいろんな移り行く状況に合わせるということではないのです。世の中は改革ばやりでありまして、ありとあらゆる新聞の一面には、改革、リストラ、そればかりです。その目標はなにかと申しますと、この世に適合するということです。

　これからグローバルな時代になる、世界的な時代になる。それに適合するような大人にならなければならない。そのために行財政改革する、会社を改革していく。そのためには教育を改革しなければならない。この世に適合するためです。しかし、教会の改革は、違います。神の国を地上に映し出すことです。天国のことです。神の国を地上に繁栄させることです。教会は神の国の姿を、この世の制約をうけつつ、実現する。実現するための努力をする。これが教会の姿です。それでは、神の国の姿とは、どういうものなのでしょうか。それは、キリストと共にいることです。キリストの愛をもって互いに仕えるということです。そこに教会の姿があります。インマヌエルです。キリストがいることです。です

から，そこではみ言葉が語られます．キリストのみ言葉が語られます．
キリストの聖霊が動きます．そのために私たちは祈りをしなければなら
ないのです．それを表すものは礼拝です．

　なぜ，私たちは礼拝に出席するのでしょうか．既得の義務として出る
のです．そこには，神の国の前味があるからです．そして，それは当然，
キリストにおける愛をもって互いに仕え合う共同体として教会がありま
す．それは天国の姿です．このように教会の改革，教会のあるべき姿を
求めていかなければならないと思います．

　創立後，半世紀を過ぎまして，この世にあって，改革派教会は神の目的，
すなわち人類を救うという神の御業にどのようにして奉仕することがで
きるでしょうか．どのようにして寄与することができるでしょうか．50
年前も，今日も同じです．そして，それはおそらく今後も同じです．改
革派信仰を，確信をもって歩み続けていくことです．

　それは，どのようにして果たせるのでしょうか．それは，いままで申
し上げましたように神を畏れることです．み言葉に服従することです．
罪を悔い改めることです．

　改革派教会は，それを思想として日本の現実の中で証しすることです．
それが伝道ということです．そして，それは教会において，この思想，
信仰は受肉しなければいけません．具体的な形をとらなければなりませ
ん．それは互いに愛し合うことです．教会のあるべき姿を，そのように
思います．そのためには，教会は不断の自己改革が必要です．しかし歴
史をみますと，教会が絶えず自己改革をすることは，不可能です．そう
いう教会は一つもないのです．いつも堕落しています．

　しかし神は，先ほど聖書でみましたように，この石ころからでもご自
身の民を起こすことができます．アブラハムの子孫だからといって，神
が用いるのではありません．神を畏れる者を残しています．それは残り
の者という思想です．イザヤが語っている思想です．イスラエルの国，
ユダの国は，神から背を向けました．もちろん，彼らは神を捨てたので

はありません．み言葉を捨てたのではありません．パリサイ派はみ言葉
を忠実に守ろうとしました．しかし，バプテスマのヨハネは，蝮の子と
いったのです．ですから表面的に信仰をもったイスラエル人ということ
です．改革，救いの保証はないのです．神が無に等しいもの，そこに残
りの者に信仰を守ってくださるように配慮してくださいました．そこか
ら新しい改革が出たのです．ですから私たちは，神にあって希望をもつ
ことができるのです．そのことを神が約束してくださっています．それ
ゆえに私たちは，信仰の希望をもつことができるのです．

　お祈りをいたします．

1997 年 2 月 23 日（73 歳）

略歴

年月日	年齢	
1923 年（T12） 11 月 1 日生		父松尾造酒蔵（日本基督教会鎌倉教会牧師）母きくの次男（長男は厳）として，横浜市に生まれる． 松尾造酒蔵は，戦後，神奈川県内に 14 の教会を設立．その他，横須賀学院，衣笠病院，横須賀キリスト教社会館の設立に関わる．鎌倉静養館の再スタートにも関与する． 叔父松尾武は，造酒蔵の弟．1939 ～ 1942（S14 ～ 17）年まで，神戸の中央神学校教授．
1936 年（S11）	12 歳	神奈川県立横浜第一中学校入学
1939 年（S14）	16 歳	宗教団体法公布． 中学 4 年のクリスマスに信仰告白
1940 年（S15）		横浜市より鎌倉市雪ノ下に転居
1941 年（S16）	17 歳	旧制静岡高等学校入学 日本基督教団の創立大会が開かれ，その後，日本基督教団鎌倉雪ノ下教会に名称変更
1943 年（S18）	19 歳	東京帝国大学入学 学徒出陣（神宮外苑を行進） 吉岡家（千代）の養子となる． 千代の夫吉岡愛の父は，吉岡弘毅．吉岡愛の弟信時潔は，「海行かば」の作曲者．
1945 年	21 歳	軍隊より復員
1946 年	22 歳	日本キリスト改革派教会設立
1947 年	23 歳	大学の最終学年，伝道者になることを決断． 改革派教会に移ることについて，父松尾造酒蔵より桑田秀延先生に相談に行くように言われ，行ったところ反対される．一方卒業論文作成のため資料調査のお世話になっていた佐波亘先生に相談した際は，大いに賛成される．
1948 年	24 歳	東京大学文学部国史学科卒業　文学士 学士論文「プロテスタント信仰の我が国への移植――横浜公会の成立――」 改革派神戸神学塾で学ぶ

1950 年	26 歳	米 ウェストミンスター神学校入学 神学校では 1 年間, ジョージ魚本宣教師と同窓. 桑田秀延先生は, その後も父のことを気にして, アメリカ留学中に, ウェストミンスター神学校の先生との面会紹介を依頼してきた.
1953 年	29 歳	米 ウェストミンスター神学校卒業 M.D.
1953 年	30 歳	結婚　十合道子 道子は, 1950 年米国留学し, そこで, 吉岡繁と再会. 1953 年藤井重顕牧師より受洗. 道子の父十合晋次は, 1918 年海老名弾正から受洗. 蔵前工業高等学校（現東京工業大学）時の同級生に, 常葉隆興, 土光敏夫, 茅誠司などがいる. 道子の祖父は, 岩垂邦彦. 日本キリスト改革派仙台教会牧師就任
1962 年	38 歳	東北大学大学院文学研究科博士前期課程修了 (実践哲学専攻) 文学修士 修士論文「米国新正統主義・神学における啓示と理性の関係について（特にラインホルド・ニーバーの場合）」
1966 年	42 歳	同後期課程満期退学 博士論文テーマ「（パウル）ティリッヒにおける諸宗教の出会い」
1967 年	43 歳	日本キリスト改革派仙台教会牧師退職 神戸改革派神学校校長就任
1975 年	51 歳	神戸改革派神学校校長退職 日本キリスト改革派仙台教会牧師就任
1993 年	70 歳	日本キリスト改革派仙台教会牧師定年退職
1994 年	71 歳	自由伝道者　改革派神学研修所講師（実践神学） 日本プロテスタント史研究会会員 横浜プロテスタント史研究会会員
2017 年	93 歳	1 月 26 日　死去

軍隊歴

年月日	年齢	軍隊歴
1943（S18）年 9	19 歳	（旧制）静岡高等学校卒業
1943（S18）年 10	19 歳	東京帝国大学文学部国史学科入学
1943（S18）年 10/2	19 歳	学徒出陣　在学徴集延期の停止
10/21	19 歳	神宮外苑競技場出陣壮行会
10/25 〜 11/5	20 歳	出陣学徒の臨時徴兵検査
11/15	20 歳	陸海軍別の入営団の通知
12/1	20 歳	陸軍の学徒兵入営
12/15	20 歳	陸軍の学徒兵入団
1943（S18）年 12	20 歳	甲種合格現役兵として朝鮮羅南第 19 師団歩兵 73 連隊に入営
1944（S19）年 4	20 歳	初年兵訓練　その間　甲種幹部候補生に合格
1944（S19）年 5	20 歳	西部軍陸軍予備士官学校入学（熊本黒石原）
1944（S19）年 9	20 歳	同校校卒業陸軍見習士官　航空に転科　航空総監部付立川少年飛行学校に配属
1945（S20）年 2	21 歳	水戸陸軍航空通信学校に派遣（航空暗号）
1945（S20）年 4	21 歳	少年飛行兵学校　亀山に異動
1945（S20）年 8	21 歳	終戦　陸軍少尉

※戦争は，その後の人生の歩みを決める大きな体験でした．
　突然徴兵された青年の軍隊歴を記しました．

写真1　東京帝国大学学長内田祥三からの日章旗

写真2　家族の署名の日章旗

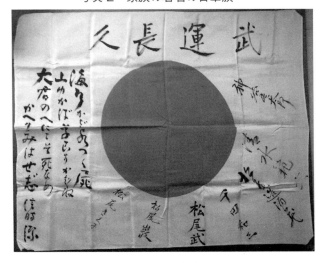

松尾造酒蔵（父）　松尾きく（母）　松尾巌（兄）
松尾武（叔父）　信時潔（叔父「海ゆかば」の作曲者）

主な著作物一覧

※出版年の右側に年齢を示す

項番	著作名		出版社	出版年
1	リフォームド 3-1 日本基督改革派教会創立十周年記念特集号	日本基督改革派教会略史		1956(32)
2	聖書信仰	宣教百年記念聖書信仰運動	ウエスレー出版協会	1959(35)
3	基督者の生活綱要	ジョン・カルヴィン著 吉岡繁訳	活水社	1961(37)
4	学徒出陣の記録	東大十八史会	中公新書	1968(44)
5	訳書 神と人間——キリスト教の人間観	グレシャム・メイチェン著	聖書図書刊行会	1969(45)
6	教会裁判の一例	訓練規定の使用例として教会裁判の一例		1969(45)
7	『改革派神学 第九輯 1967-1968』「公会主義の本質と背景」伝道とエキュメニズム	「公会主義の本質と背景」伝道とエキュメニズム	神戸改革派神学校	1969(45)
8	「改革派教理学教本」の日本神学史的意義	改革派神学第10号		1972(48)
9	教会の政治		小峯書店	1972(48)
10	キリスト教会の礼拝		小峯書店	1972(48)
11	主に仕えて五十年 松尾造酒蔵牧師とわれらの教会	長老教会の伝統と鎌倉雪ノ下教会の使命	キリスト新聞社	1973(49)
12	蘇州園における阪神地区送別会席上にて	神戸を去るにあったての挨拶		1975(51)
13	まじわり	「キリスト教礼拝について」	日本キリスト改革派教会	1975(51)
14	日本基督改革派教会の伝統と信仰		西部中会文書委員会	1975(51)
15	歴史的テキストに基づく説教について	改革派神学 第11号		1975(51)
16	現代とキリスト教 日本基督改革派教会の伝統と信仰	第6号	西部中会文書委員会	1975(51)
17	訳書 キリスト教とは何か——リベラリズムとの対決	グレシャム・メイチェン著	聖書図書刊行会	1976(52)
18	まじわり	20周年記念宣言についての信仰の随想	日本キリスト改革派教会	1977〜1978(53-54)
19	異教社会におけるキリスト者の戦い	世俗主義とキリスト教	東部中会修養会委員会	1978(54)
20	礼拝論	諸教会の礼拝 改革派教会	東神大パンフレットXX	1980(56)
21	荒野に呼ばわる声《靖国を考える会》研究報告Ⅱ			1982(58)

22	改革派教会の教会形成	主題講演	全国青年会修養会報告書	1982（58）
23	カルヴァン──その人と思想		本のひろば	1984（60）
24	創立40周年記念信徒大会講演	神のあわれみによって──信仰の宣言に則して	改革派教会主催	1986（62）
25	福音主義神学　十八号	教会の伝統についての一考察──日本における教会形成の課題として	日本福音主義神学会	1987（63）
26	「教会の伝統についての一考察」日本における教会形成の課題として		福音主義神学	1987（63）
27	宣教　第18号	「雪ノ下カテキズム」加藤常昭について	日本キリスト改革派教会	1993（69）
28	主はわが牧者なり		仙台教会	1993（69）
29	学徒出陣から五十年	東大十八史会	揺籃社	1994（70）
30	神と人間	説教	湖北台教会伝道委員会	1995（71）
31	実践的伝道論研究		新教出版社	1996（72）
32	〈死と死後の世界〉について私が理解する聖書の教理	悟寮会	メモ	1996（72）
33	日本基督改革派教会史　途上にある教会		日本基督改革派教会	1996（72）
34	神と人生	キリスト教講演会	湖北台教会	1996（72）
35	私にとっての戦争		谷中の会	1998（74）
36	老いとキリスト教信仰	花見川伝道所	メモ	1998（74）
37	女性教師・女性長老に関する論文集	序にかえて	大会役員会	1999（75）
38	死について	太田伝道所	メモ	1998（74）
39	宣言の学び	20周年記念宣言の意義──その教会像	改革派教会	1998（74）
40	宣言の学び	40周年記念宣言の意義──福音宣教について	改革派教会	1998（74）
41	私にとっての戦争		東京恩寵教会靖国問題委員会	1999（75）
42	日本プロテスタント史における改革派信仰の伝統」1──日本基督改革派教会の視点から		日本プロテスタント史研究会報告　第七十一号	2000（76）
43	「エレンクティックス試論」──キリスト教有神論と日本人の宗教意識	第25回開講記念講演会	改革派神学研修所開講講演	2000（76）
44	日本人の宗教心とキリスト教(1)，(2)		東北中会機関誌『エクレシア　第37号』	2001（77）
45	日本改革教会協議会三十周年──回顧と展望		第三十回日本改革教会協議会	2002（78）
46	砲声に揺れるハルハ河畔の菫	あとがき		2002（78）

47	日本改革派教会協議会の回顧と課題		日本改革教会協議会記録	2002（78）
48	聖書の牧師像 -Richard Baxter "Gildas Salvianus or The Reformed Pastor" 1656 に則して	改革派神学　第30号特別記念号		2003（79）
49	緑のまきば		つのぶえ社	2004（80）
50	日本キリスト改革派仙台教会 教会堂献堂百年を記念して 1905（明治38）年2005年		創築出版	2005（81）
51	東北中会設立事例に学ぶ		東関東伝道協議会役員養成講座　勝田台教会	2005（81）
52	日本基督改革派仙台教会　教会堂百年を記念して		仙台教会	2005（81）
53	仙台教会の改革派教会加入について		まじわり	2006（82）
54	改革派説教学ノート		新教出版社	2006（82）
55	改革派神学研修所30年史	リフォームドパスター	改革派神学研修所	2006（82）
56	戦前・戦中を生きたキリスト者の証言	私の戦争・軍隊体験	日本キリスト改革派教会東部中会連合長老会	2007（83）
57	教会の政治（8）　教師――み言葉の奉仕者		改革派中部	2007（83）
58	祖父吉岡弘毅の事情		おとずれ　九号　十八史会	2008（84）
59	松尾造酒蔵牧師の神奈川県伝道に学ぶ	松尾造酒蔵牧師の神奈川県伝道に学ぶ　委員会宛手紙	鎌倉雪ノ下教会	2008（84）
60	死を想う		東京恩寵教会男子会	2008（84）
61	昭和キリスト教受難回想記	著・西村徳次郎	自費出版	2009（85）
62	戦時下の鎌倉雪ノ下教会		東京恩寵教会男子会	2009（85）
63	まじわり　2013年4月号「歴史的改革派信仰」について	「歴史的改革派信仰」について	交わり出版局	2013（89）
64	覆刻・日本基督一致教会信仰の箇条	まえがき　ヘボン宣教師との出会い	教文館	2013（90）
65	「歴史的改革派信仰」について	まじわり		2013（89）
66	井原先生を思う――改革派神学塾で共に学んで		メモ	
67	おとずれ	2号、3号、4号、5号、6号、7号、8号、9号、10号	十八史会	
68	己が日を数えて	十八史会通信	おとずれ第六号	
69	訳書　神の主権	ジョン・マレイ著	キリスト教真理叢書	
70	日本基督改革派教会20周年全国信徒大会記念号　開会説教		キリスト教真理叢書	
71	伝道協議会記録	講演「東日本伝道における東北と首都圏の教会協力の回顧と展望」	改革派東部中会	

説教引用箇所と説教した回数について

吉岡有一

　本資料は，吉岡繁の説教原稿ノートをもとに作成しました．説教原稿ノートは，最初に赴任した仙台教会 1953 年 12 月（30 歳）から牧師を引退した 1999 年（76 歳）までの 47 年間にわたってありますが，1960 年（37 歳）から 1963 年（40 歳）までの 4 年間の説教原稿ノートは確認できませんでした．

　吉岡繁の牧師としての活動は, 1953 年（30 歳）から 1967 年 7 月（44 歳）までの第一期仙台教会の 15 年間, 1967 年 8 月（44 歳）から 1975 年（52 歳）7 月までの神戸改革派神学校校長の 8 年間，1975 年（52 歳）8 月から 1993 年（70 歳）までの第二期仙台教会の 19 年間, そして 1994 年（71 歳）から 1996 年（76 歳）までの引退後の 6 年間に分けることができます．

・説教した聖書箇所（1953 ～ 1999 年）

　説教は，一つの書を継続して最初から最後まで行うことはなく，1 年間，新約，旧約からまんべんなく行っています．夕拝，祈禱会，各会では，時に，ウェストミンスター信仰告白などを使っています．

（旧約聖書）

創世記	出エジ	レビ記	民数記	申命記	ヨシュ	士師記	ルツ記	Ⅰサム	Ⅱサム
106	30	4	8	20	10	10	2	40	30
Ⅰ列王	Ⅱ列王	Ⅰ歴代	Ⅱ歴代	エズラ	ネヘミ	エステ	ヨブ	詩篇	箴言
11	9	5	0	3	2	3	9	80	10
コヘレ	雅歌	イザヤ	エレミ	哀歌	エゼキ	ダニエ	ホセア	ヨエル	アモス
6	1	61	10	0	2	7	4	4	4
オバデ	ヨナ	ミカ	ナホム	ハバク	ゼファ	ハガイ	ゼカリ	マラキ	計
1	8	6	1	3	1	2	4	0	517

旧約全体 517 回

①創世記（106 回）　②詩篇（80 回）　③イザヤ書（61 回）

④Ⅰサムエル記（40回）　⑤出エジプト記（30回）　⑥Ⅱサムエル記（30回）

0回：Ⅱ歴代誌　哀歌　マラキ書

（新約聖書）

マタイ	マルコ	ルカ	ヨハネ	使徒言	ローマ	Ⅰコリ	Ⅱコリ	ガラテ	エフェ
334	100	277	212	254	203	147	29	64	67
フィリ	コロサ	Ⅰテサ	Ⅱテサ	Ⅰテモ	Ⅱテモ	テトス	フィレ	ヘブラ	ヤコブ
16	14	11	3	19	26	2	2	36	30
Ⅰペテ	Ⅱペテ	Ⅰヨハ	Ⅱヨハ	Ⅲヨハ	ユダ	黙示録	計		
24	12	38	1	0	3	64	1,988		

新約全体　1988回

①マタイ（334回）　②ルカ（277回）　③使徒言行録（254回）

④ヨハネ（212回）　⑤ローマ（203回）　0回：Ⅲヨハネ

総回数　3,027回

　第一期仙台教会の説教原稿ノートは，朝拝分しかありません．夕拝，祈禱会，家長会，青年会，高校生会などの分の原稿はありません．

　第二期仙台教会での説教回数は多く，年間160回前後でした．

1976（53歳）	1977（54歳）	1978（55歳）	1979（56歳）	1980（57歳）
159回	155回	155回	166回	154回

仙台教会関係での説教回数　2179回

元旦	会員総会	朝拝	夕拝	祈禱会	特伝	修養会	家長会	婦人会	青年会	高校生会	その他	計
4	15	1,137	478	314	41	6	11	125	23	11	14	2,179

東北地区での説教回数　545回

赤石	八木山	仙台カナン	仙台栄光	東仙台	亘理教会	白石契約	北中山	石巻
88	148	165	16	16	9	64	1	4
札幌	六戸	盛岡	郡山	山形	その他	計		
2	4	5	14	4	5	545		

東部地区で説教回数　93回

東京恩寵	花小金井	江古田	高島平	新座志木	新所沢	所沢ニューライフ	坂戸	武里	南浦和
2	1	3	1	5	5	6	1	2	2
上福岡	せんげん台	草加松原	南越谷	北浦和	春日井	川越	大宮	秩父	花見川
6	3	1	2	3	2	3	2	1	4
船橋高根	稲毛	勝田台	湖北台	常盤平	つくばみことば	甲府	横浜	いずみ	湘南恩寵
2	2	2	4	1	2	4	2	1	1
青葉台	綱島	その他	計						
2	5	10	93						

中部・西部等地区での説教回数　111 回

多治見	静岡	名古屋	岐阜加納	伊丹	大阪	宝塚	芦屋	神港	長田
7	5	7	3	2	3	1	3	15	1

園田	甲子園	板宿	灘	岡山	徳島	熊本	那覇	神学校	その他
7	7	9	5	2	1	1	2	27	3

計
111

その他の地区での説教回数　99 回

ワシントン	富士見町	雪ノ下	改革長老	西船橋	大会	東北中会	阪神地区	仙台牧師会	連合長老
4	2	10	2	2	7	2	9	1	2

東部中会連合青年会	東北伝道協議会	福音主義集会関係	尚絅短大	宮城学院	榴ケ岡高校	KGK	個人記念会	その他	計
1	5	4	1	5	5	2	16	19	99

・説教原稿は A5 判で 2 頁．説教時間は 40 分程度

あとがきにかえて

『汲めど尽きせぬ泉』の発刊にあたって

吉岡有一

主のみ名を賛美申し上げます.

吉岡繁は，2017年1月26日，93歳で亡くなりました. 1923年（大正12年）11月に生を受け，1953（昭和28）年に日本キリスト改革派仙台教会牧師，その後神戸改革派神学校校長，そして再び仙台教会牧師に就職し，1993年70歳で引退しました.

この度，仙台教会での吉岡繁の説教の一部を『汲めど尽きせぬ泉』として発刊しました. 1979年（55歳）と1997年（73歳）までの礼拝説教をのせています.

最初は，ヨハネによる福音書14回分の説教をカセットテープから起こしました. その後，仙台教会佐々木和雄長老から90回分ほどの録音データがあることを知らされました. その中から，創世記，預言書，福音書，手紙など，いろいろなテキストからの説教を選ぶことにしました.

60歳というのは，さまざまな経験を経て人間として成熟している年齢です. 吉岡繁の熟練した牧師としての説教を味わうことができれば幸いです.

吉岡繁の説教原稿については，1953年12月に仙台教会牧師に就任してから1993年11月に引退するまでの説教分が，全部残っています.

この本では，説教に対する説教原稿も併せてのせました. 説教原稿はすべて，A5判2頁です. 説教と併せみることによって，どのように説教準備をしていたかを知ることができると思います.

　吉岡繁の説教を Live で聴くことはできませんが，紙に書き落とした説教を読むことで，改めて吉岡繁の説教に耳を傾けることができます．

　これを手にされた方に，み言葉の恵みが豊かにあふれることを心より祈ります．

父の時代

吉岡成二

　あまり良い意味で使われる言葉ではないですが，近頃「親ガチャ」という言葉を耳にします．「親を自分で選べない」という意味のようですが，自分で選べないと言うならば，時代も，場所も，自分で選べないものです．人間は，それぞれ，ある時代に，ある場所に，ある親のもとに生まれます．父母の存在は私にとっても大きなものだったと思いますが，今また，まとめられた父の説教や年譜，著作一覧などを見て思うのは，父も，ある時代に，ある場所で，ある親のもとに生まれ，そこで生きていたということです．父にとっては，終戦前の，青年までの暗い時代（その時代の中にも楽しい思い出はありましたが）と戦後の再出発，仙台や神戸での出会い，晩年の生活等々，戦争を挟んで大きく二つに別れるのでは，と感じます．

　今は，戦争への怖れが再び高まっていると感じますが，そのためか，父が青年期にいわば巻き込まれた戦争，それが人生に大きな影響を与えたことが，私にも以前よりは実感できるようになってきました．実は，私の仙台の自宅の物置には，戦後大学に復学しながら，自らが育ったところの鎌倉雪ノ下教会において教会学校の教師として熱心に活動した，その頃の資料が段ボールにあります．教会での青年たちとも将来についていろいろ語り合ったとのことです．そして，大学を卒業後，その日本基督教団・鎌倉雪ノ下教会から，創立間もない神戸の改革派神学校に赴

きました．私は，そのことと，戦中の日本の教会の教団への統合，そして，そこからの日本基督改革派教会の教団からの離脱・創立の歴史と重ねてみてしまいます．

　神戸での灘教会や神学校での生活と学びから，アメリカのウェストミンスター神学校への留学を経て，帰国後母と結婚し，そして改革派仙台教会へ赴任しました．父母にとって，東北・仙台の地は初めての地でした．私たち兄弟三人は，その仙台で生まれました．

　今回，この説教集に「発刊にあたって」をお寄せいただいた佐々木金光兄とは，父の仙台での牧師時代に，私たちを含めて出会いをゆるされました．そして，仙台から神戸へ神学校校長として赴任し，私たち三人は，その神戸で，それぞれ小学生から高校生として多感な時期を過ごしました．今回，この説教集の刊行にあたって父との関わりを記していただいた牧田吉和先生，小野静雄先生，金田幸男先生とは，神戸で，特に改革派神学校で出会いをゆるされました．このことに，時代と場所の不思議な計らいを思わされます．そして，今回の説教集は，その神戸から再び仙台に戻って以後の時期になされた説教です．説教のなされた背後の時代（改革派40周年宣言ないし50周年宣言の前後）や仙台という場所の特色もあるかもしれません．

　まもなく戦後80年を迎えようとしています．この80年にはさまざまなことがありました．最近感じるのは，確かにそれはさまざまな変化ですが，大きくは，父が青年期に巻き込まれたあの戦争の時代の上にあったものだったのでは，ということです．今はその土台が揺らぎ，混沌が予想される時代となっています．

　このような時に，仙台の，神戸の改革派教会で，その時代に，父母を通して出会いをゆるされた方々と共に説教集を出版することができ，そして，父母に関わる時代，場所，思いを共有できることを心より感謝いたします．

吉岡繁の説教と私

吉岡豊

　長兄の有一がテープから説教を書き起こしてくれて，十何年かぶりに父吉岡繁の説教に接しました．かなり以前（1979 年から 90 年代後半）の説教であるにもかかわらず，今も感じることが多くありました．これは当時も今も教会，私自身，あるいは人の抱えている問題が解決されずに変わっていないことを示唆しているのかもしれません．

　昔，心身の不調が著しかったときに教会へは行かず，自宅で父の説教テープを聞いて主の日を過ごしていた時期がありました．そのときは説教を聞いて涙を流していたのではないかと記憶しています．人が悩みに悩むこと，辛いこと，悲しいことは，旧約から新約の時代へ，そして現代にいたっても変わらないものなのでしょう．人の本質は創世記の頃とも教会ができてきた時代とも何一つ変わっていないのだと．

　私は父繁の説教が好きでした．いつもというわけではありませんが，説教を聞いて新しいことに気づかされました．「当たり前のことを当たり前にする」という私のモットーも父繁の説教から与えられたものです．また，語りかけるような説教も好きでした．私は現在大学教員をしていますが，講義スタイルは父繁の説教スタイルが原型ではないかと思っています．礼拝説教の構想をその数日前に家で聞くこともありました．そして，何よりもよかったと思うことは，今の私（たち）に適用されるメッセージがあったことです．聖書の言葉を昔に語られた言葉としてではなく，今に生きる私たちにとってどのように適用されるのかを語っていたように思います．妻は繁の説教を 50 周年記念信徒大会後に名古屋教会で奉仕したときに 1 回聞いただけです．そのときは 1 時間くらい説教をしていて，私は正直「長いなあ」と思っていましたが，妻は長いとは全く思わなかったそうです．礼拝後，父に「長かったね」といったら，「礼

拝に呼ばれてする説教は 1 回だけで完結しなければならない」といった
趣旨の答えをしていたことを覚えています.

　牧師としての父に関する思い出の一つに，キリスト教にとどまらない
知識量の豊富さがあります. もちろん，キリスト教関係の書籍が一番多
かったとは思いますが，私が学生時代に教育学講読という講義でコリン
グウッドの難解な哲学書をテキストにしていたら，牧師館には同一人物
の「歴史の観念」という翻訳本があって，驚いたことがあります. おそ
らくさまざまな本を読んでいたのだと思います. 戦争体験のある父は『き
け わだつみの声』『戦艦大和の最期』などの戦争に関わる書籍も読んで
いたことは説教から推測できました. そのような幅広い知識が説教を深
いものにしていたと思います.

　最近，青年時代に説教を書き留めたノートを見つけて，それを今回の
説教集と照合しようと計画していましたが，ノートはどこかへ行ってい
まいました. 残念です. 説教集の前半は教会活動に熱心だった 20 ～ 30
歳代とほぼ時期が一致していますが，後半六つの説教は私が仙台を離れ
た頃のもので，とても新鮮なものでした. 特に，ヨブ記は興味深いもの
でした. しかし，私の原点は 30 歳まで過ごした仙台にあるように思い
ます. あの頃，神学研修所仙台教室で学んだキュンクの「教会論」の学
びはとても充実したものでしたが，それを越えることができていない今
の自分にもどかしさを感じています.

　新約の時代，人は聖書を通して神を知りますが，その神の存在を人に
伝えるのは同じ人間です. 兄有一が書き起こしてくれた父繁の説教集は
人の罪と神の救いを人に伝えるものだと思います. 人が神を知り信仰へ
と導かれるのがいつになるのかは誰も知りません. 神には神のご計画が
あります. 「神のなさることはすべてその時にかなって美しい」(口語訳,
伝道の書 3 章 11 節) のことばを信じて，この説教集が人々の心に届き,
神を知り，信仰へと導かれること，あるいは信仰の思いを新たにしてく
れることを祈念しています. なぜなら，神を信じるすべての人に「我を

信じるものには恵みを施して千代にいたるなり」というのが父の願いで
はなかったかと思っているからです.

汲めど尽きせぬ泉

発行
2023年10月17日　第1刷

定価
〔本体2,200＋消費税〕円

編者
吉岡有一

著者
吉岡繁

発行者
西村勝佳

発行所
株式会社　一麦出版社
札幌市南区北ノ沢3丁目4-10 〒005-0832
Tel. (011) 578-5888　Fax. (011) 578-4888

印刷
モリモト印刷株式会社

製本
根本製本株式会社

教会の政治／キリスト教会の礼拝
吉岡繁

なぜ、長老制をとるのか――。教会の政治についての聖書の教理を問う『教会の政治』。礼拝の聖書的根拠を明確にし、改革派神学の礼拝を位置づける。

A5判　定価[本体2400＋税]円

植村正久の神学理解
――『真理一斑』から「系統神学へ」
木下裕也

処女作の『真理一斑』、対海老名論争の中で生み出された「キリストとその事業」、東京神学社での講義録「系統神学」など主要な文献にもあたって、植村正久の神学理解に迫る。

A5判　定価[本体4200＋税]円

岡田稔の神学
――神の主権と恩恵に生きた神学者
木下裕也

わが国における歴史的改革派神学の最も優れた紹介者であり、身をもって生き抜いた先達の神学を、綿密な解読をとおして明らかにする貴重な論考。先達の神学と向きあう著者の論述は、説教者がみ言葉を説き明かすかのようである。

A5判　定価[本体5600＋税]円

日本キリスト改革派教会宣言集
――附解題　日本キリスト改革派教会憲法委員会第一分科会

創立宣言から70周年記念宣言、四大公同信条と解題を収録。『教会と国家、聖書、聖霊、福音の宣教、予定、伝道、終末の希望、そして福音に生きる善き生活について』の信仰の宣言を学びたい。

A5判　定価[本体2400＋税]円

新しい契約
――エレミヤ書による説教
中島英行

エレミヤの預言の言葉として、裏切り者として、孤独の、悲しみの預言者でもあり、今日ここで、エレミヤは何を語るだろうか――。植村環牧師とその時代へ。

四六判　定価[本体1800＋税]円

神の子イエス・キリストの福音
――主イエスと出会うマルコ福音書講解
久野牧

神の独り子イエス・キリストをまことの救い主としてさし示す。み言葉をとおして「まことの神」であり「まことの人」であるイエス・キリストと出会いたい。その日を生き抜く力が必ず与えられるに違いない。

A5判変型　定価[本体2800＋税]円

ジュニアのためのキリスト教教理問答
立石章三

キリスト教教理をわかりやすく解説した新しい教理問答。歴史的な教理問答をベースに、青少年向けに、現代人が聖書とキリスト教に対して説したキリスト教入門書。客観的にも答えている。さまざまな疑問にもつ、解説してもつ、

A5判　定価[本体1200＋税]円